VIE

DE MONSIEUR L'ABBÉ

Jean-Antoine Claudinon

SUCCESSIVEMENT

Curé de Saint-Joseph, de Lorette

et de Saint-Roch

PAR

L'ABBÉ JOSEPH VERNAY

Licencié ès Lettres

Chanoine de la Primatiale

LYON

ALEXANDRE REY IMPRIMEUR

4, RUE GENTIL, 4

—

1893

VIE

DE MONSIEUR L'ABBÉ

Jean-Antoine Claudinon

SUCCESSIVEMENT

*Curé de Saint-Joseph, de Lorette
et de Saint-Roch*

VIE

Jean-Antoine Claudinon

SUCCESSIVEMENT

Curé de Saint-Joseph, de Lorette et de Saint-Roch

PAR

L'Abbé Joseph VERNAY

Licencié ès Lettres
Chanoine de la Primatiale

LYON

ALEXANDRE REY IMPRIMEUR

4, RUE GENTIL, 4

—

1893

A MADAME ET A MONSIEUR FERNAND PHILIP

A LA FAMILLE DE M. CLAUDINON
principalement à sa sœur qui est devenue la nôtre

AUX PERSONNES
qui m'ont aidé dans ce travail

A MES PROFESSEURS

A MES CONDISCIPLES DE L'ARGENTIÈRE

A LA PAROISSE DE SAINT-ROCH

PRÉFACE

Le Diocèse de Lyon a perdu, pendant l'année 1892, deux prêtres que la vénération publique a regardés comme des saints. L'un, M. Viennois, est mort à Lyon, curé de Saint-Joseph ; l'autre, M. Claudinon, à Saint-Étienne, curé de Saint-Roch. Le premier était sorti des rangs de la bourgeoisie ; le second, des rangs du peuple. C'est l'histoire de celui-ci que nous

*essayons de fixer, afin d'honorer ses parents,
de consoler ses amis, d'édifier les âmes. De
pareilles vies sont rares. Les anges les ont
écrites au livre d'or, dans le ciel, avec les
moindres détails. Nous écrivons l'une d'elles
dans nos livres périssables de la terre, en regret-
tant de laisser dans l'oubli trop de faits qui
ne nous sont point parvenus. « In memoria
æterna erunt Justi. — La mémoire des Justes
sera éternelle. » Nous pensons entrer dans les
vues de la Providence en perpétuant le souvenir
de celui que la voix publique nommait le Père
et le Saint Prêtre.*

*Nous remercions les personnes qui nous ont
aidé de leurs conseils, de leurs encouragements,
et même de leur collaboration.*

*Notre ami, M. Claudinon, a accompli les
actes ; on a recueilli quelques-uns d'entre eux,
je les ai mis en ordre. Maintenant qu'il n'a*

plus besoin de pratiquer les vertus d'humilité et de discrétion, il nous pardonnera, il nous bénira même ; car il voit du ciel que nous n'avons pas altéré la vérité en exagérant les vertus, et que nos intentions étaient droites.

Au fond, notre but principal, c'est le salut des âmes qu'il a tant aimées. Si nous n'avons pas réussi, nous nous consolerons en répétant une des paroles qui lui étaient chères : « Dieu fera le reste. »

VIE

DE MONSIEUR L'ABBÉ

Jean-Antoine Claudinon

ENFANCE

Monsieur Jean-Antoine Claudinon naquit le dix-neuf janvier mil huit cent trente-huit, à Saint-Julien, dans ce pays de Jarez, un des plus pittoresques et des plus riches de France. Il a des vallées profondes, de hautes montagnes, des collines couvertes de vignes et de vergers. L'intérieur du sol renferme des mines de charbon inépuisables. A la surface, les ateliers, les usines, les villages, les cités abondent, remplies d'une population active et laborieuse.

Jean-Antoine appartenait à une famille où la religion était en honneur, où les traditions de la foi se conservaient avec les pratiques de la piété, où le travail donnait l'indépendance et l'honorabilité.

Son père était un honnête ouvrier ; sa mère avait les qualités de la femme forte dont l'Écriture nous a tracé le portrait : elle élevait ses enfants dans la crainte et dans l'amour de Dieu, sans souhaiter pour eux autre chose que le trésor précieux jadis demandé au Seigneur par Salomon : « Soyez toujours bien sages », leur disait-elle souvent. Lors des souffrances et des épreuves, au lieu de se répandre en plaintes incessantes, elle répétait avec résignation, et presque en souriant : « Bah ! le bon Dieu en a bien enduré davantage. » Chez elle, point de ces faiblesses lâches, point de ces tendresses exagérées qui efféminent le caractère. Ses enfants, ouvriers un jour, auraient à supporter la rude existence des travailleurs : secondée par son mari, un vrai chrétien, elle les préparait aux luttes de la vie par une éducation ferme. Ils auraient plus souvent à se soumettre qu'à commander : elle les pliait à l'obéissance et au respect de l'autorité. Ils seraient dans un pays où le vice coudoie la vertu ; l'impiété, la religion : elle faisait pénétrer dans leurs âmes les principes et les pratiques du catholicisme. Ils pourraient, malgré leur situation modeste, être utiles à leurs semblables ; car ici-bas on ne donne pas seulement des places, des honneurs et de l'argent ; on donne ses prières, ses conseils, son travail : elle les formait à la charité. « Obligeons tout le monde, rendons service à tous dans la mesure de nos moyens », telle était la maxime favorite de cette femme de grand bon sens et de grand cœur, et telle était sa conduite ; les actes ne démentaient pas les paroles.

Le jeune Antoine hérita des qualités de son père et de sa mère. Il développa ses dispositions natives par les leçons et les exemples qu'il reçut, et même un peu par les corrections. Quelle est l'éducation énergique qui en est exempte ! Depuis quand la crainte du Seigneur n'est-elle plus le commencement de la sagesse ! Nous aurions évité de traiter ce sujet, si lui-même n'y avait fait allusion, en revenant sur l'aurore de sa vie, ouvertement, dans les familles, au catéchisme.

en pleine chaire. Il raconta aux enfants l'histoire suivante afin de les instruire par ses propres
leçons. « Un jour, comme je m'étais plaint d'avoir
été puni à l'école, ma mère me dit : Tu n'as pas
été sage, et tu oses te plaindre! Sur ce, elle
aggrava la punition que j'avais méritée. Mon
père se trouva de rentrer. Au lieu d'affaiblir
l'autorité maternelle par des observations, il
imita le colonel du régiment, il chargea encore
la peine. Mes enfants, ajoutait le catéchiste, ne
vous faites point punir; et si par hasard vous
l'avez été, ne le révélez pas. Vos parents agiraient
comme les miens, et votre situation, au lieu de
s'améliorer, deviendrait pire. »

Comme exemple de l'obéissance qu'on exigeait
de lui, il racontait qu'un jour, étant vicaire à
Saint-Roch, il vint *au galop* voir *un moment* sa
famille. Sa mère lui dit : « Antoine, il faut aller
dans telle maison, on veut te parler, j'ai promis
de t'envoyer. — Mère, répondit-il, j'ai bien peu
de temps, et je suis venu seulement pour vous.
— N'importe, répliqua la mère, j'ai promis, j'en-
tends que tu ailles de suite là où je t'envoie. Tu
es prêtre ; mais tu serais évêque qu'il faudrait
m'obéir, je suis ta mère. »

Que de fois il a répété, sinon avec autant de poésie que Lamartine, au moins avec autant de conviction : « Heureux celui que Dieu a fait naître dans une bonne et sainte famille ! » Que de fois il a proclamé les bienfaits de son éducation virile et chrétienne ! Quel souvenir il avait gardé de son père et de sa mère ! quel culte il avait pour eux ! Du jour où il fut curé, il célébrait chaque année, vers la Toussaint, un service solennel pour ses chers défunts. Il y invitait les fidèles, et ceux-ci accouraient nombreux, afin de témoigner leur reconnaissance à leur pasteur, afin de l'aider à payer la dette si chère de la piété filiale.

Il reçut les éléments de l'instruction primaire chez les Frères de Saint-Julien.

C'est là encore, dans son pays natal, qu'il fit sa première communion, le 17 mars 1850.

Sur l'Évangile, avec ses compagnons, il jura de renoncer aux œuvres de Satan et de suivre les maximes de Jésus-Christ ; peu de serments furent aussi bien tenus. Il y ajouta bientôt la promesse de communier tous les mois. Il n'y fut pas moins fidèle. Ce fut sans doute l'origine de sa vocation au sacerdoce. Celui-là méritait de recevoir son Dieu tous les jours qui le recevait chaque mois

avec tant de régularité et de ferveur. Voici à
quelle occasion il prit cette résolution. La première fois qu'il fut loin de sa famille, il attendit
un premier mois, puis un second qu'on lui
parlât de se confesser. Il n'osait pas encore
demander une permission à son maître. Le troi-
sième mois, il n'y tient plus, il hasarde une
requête. On lui permet de partir, à condition
qu'il sera de retour avant 4 heures pour aller aux
champs. Il court, il se hâte, afin d'utiliser un
temps précieux. Il arrive. Personne n'était dans
l'église, ni confesseur, ni pénitents. Il se prépare,
il prie, il attend, mais en vain. Trop timide pour
aller au presbytère, mais fidèle aux ordres de
son maître, il se retire avec tristesse et arrive à
la maison en pleurant. On lui octroya une permission nouvelle, le samedi suivant. Cette fois,
il fut plus heureux et se confessa. En pensant
que le lendemain il recevrait son Jésus, sa joie
fut telle qu'au retour il ne marchait pas, il sau-
tait.

Quand il se fut agenouillé à la Table sainte, il
fut plus joyeux encore. C'est alors qu'il promit à
Dieu de ne manquer jamais la communion du
mois et il ne la manqua jamais, sous aucun pré-

texte. Les jours de fête, il s'approchait aussi des sacrements, mais c'étaient des communions supplémentaires.

Pourquoi avait-il quitté sa famille? Il voyait que chacun travaillait pour gagner sa vie; il ne voulut pas être à charge; il prétendait même être utile dans la mesure de ses forces. Il chercha donc une place et il en trouva une, comme berger, chez un paysan. Quand il eut débattu le prix avec son nouveau maître, il en fit part à ses parents. Ceux-ci furent un peu surpris, mais ils laissèrent à l'enfant sa liberté et son initiative. D'ailleurs le paysan ne demeurait pas loin; la séparation ne serait pas trop pénible. Le jeune pâtre n'eut pas la main heureuse dans cette première affaire. Le paysan était un célibataire républicain, qui s'occupait beaucoup de politique. On était sous le Gouvernement de 1848. Ne sachant pas qu'en ce monde, pour que les vaches soient bien gardées, il faut que chacun exerce son métier, notre agriculteur, dans les clubs où il écoutait des théories gouvernementales plus ou moins renouvelées des Grecs, comme le jeu de l'oie; au café, où il pérorait en face de compères, du cabaretier, de la cabaretière, qui échauffaient son enthousiasme et le poussaient à boire, occupait son temps à mener la France, mais ne menait plus son domaine. Les animaux sans litière, sans eau, sans fourrage, ne ruminaient guère que les inconvénients du régime alimentaire auquel on les soumettait. Le petit domestique, seul à la maison, végétait aussi, sans surveillance, sans direction, souvent même sans nourriture. Il se maintenait pourtant, grâce au lait de son troupeau. Cette ressource finit par lui manquer. Les vaches si mal soignées devinrent maigres et stériles, comme leurs sœurs de l'Égypte au temps de Joseph et de Pharaon. Ne recevant rien, elles ne donnèrent rien. Jean-Antoine aurait donc plus d'une fois souffert de la faim, si sa mère, qui veillait sur lui, ne lui fût venue en aide. Il s'était engagé jusqu'à la Saint-Martin, il resta jusqu'à cette date, malgré les raisons qu'il avait de laisser un maître semblable. Il montrait déjà cette dureté pour lui-même, cette fermeté de caractère, cette fidélité aux principes, ce dévouement au prochain, qui apparaîtront continuellement dans sa vie.

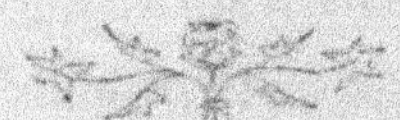

ADOLESCENCE ET JEUNESSE

Laissant l'agriculture pour l'industrie, qui
avait des avantages plus immédiats, qui était
d'ailleurs la profession paternelle, il entra dans
l'usine de M. Targe à Saint-Julien. Son intelligence, son exactitude, son attention, ses dispositions héréditaires en firent bientôt un ouvrier
remarquable. Son habileté lui permit plus tard,
quand il fut vicaire à Saint-Roch, de donner une

leçon sévère à un malheureux qui l'insulta. Sans
crainte comme sans forfanterie, il entra dans
l'atelier d'où venaient les injures : » Quel est celui
qui m'a insulté? » Personne ne répond. « Ce
doit être un mauvais ouvrier. Les bons ouvriers
ne s'occupent que de leur besogne et laissent
les gens tranquilles. Et, avisant un individu qui
rougissait et baissait la tête : — C'est toi.
L'autre rougit plus encore. Alors s'approchant
et examinant : — J'avais bien dit que tu étais
un mauvais ouvrier. Tiens, regarde comme ce
travail est gâché. » Puis, prenant la lime : « Vois
maintenant comment on fait. » Et le Père, se
croyant à l'établi, corrigeait les fautes du malheureux qui ignorait, avec son métier, la politesse et le respect dû aux hommes convaincus.

En septembre 1852, avec sa famille, il se fixa
au Chambon-Feugerolles et travailla dès lors
dans l'usine de son oncle, M. Jacques Claudinon,
l'industriel bien connu de cette région. Il était à
l'âge où les passions s'éveillent, où les mauvais
exemples et les conseils pervers corrompent, où
les cafés, les bals attirent presque invinciblement
l'ouvrier dont le travail quotidien est si pénible
et si ingrat. M. Claudinon sut résister à tous les

attraits du plaisir et à toutes les influences du mal. Sa jeunesse exemplaire ne connut qu'un entraînement : celui du bien. Aussi, malgré ses convictions religieuses et ses pratiques chrétiennes, il avait l'estime et la sympathie de tous. C'est qu'il ne se contentait pas de bien penser ; il savait bien agir. Serviable ou charitable, M. Claudinon l'était à un degré suprême. Il aidait les camarades fatigués ou malades ; il aidait même les paresseux et les négligents, afin d'éviter aux premiers une diminution de paye, et aux seconds des reproches. Le soir, après la sortie de l'usine, et le dimanche, il demeurait avec sa famille ou visitait les pauvres gens : il leur apportait un peu de joie, leur rendait quelques services, leur laissait même une partie de l'argent qu'il avait gagné. Ce dévouement simple et généreux lui permettait d'exercer une sorte d'apostolat. Il l'exerçait par l'exemple et au besoin par la parole, sans connaître ce lâche respect humain qui se tait et qui se cache. Un philosophe allemand a dit : « Tu te fais ver de terre et tu te plains qu'on t'écrase. » M. Claudinon, l'humble des humbles, était intrépide et audacieux en face de l'impiété ignorante ou savante. S'il fut parfois

attaqué, méconnu, raillé, il ne fut jamais écrasé.
Son jugement droit, son bon sens, sa bonhomie
souriante, sa franche gaieté, ses heureuses réparties, sa connaissance du catéchisme, ses réflexions
personnelles et la grâce lui permettaient de
défendre sa foi avec un succès qui rangeait de
son côté et les rieurs et les sincères. Aussi con-
serva-t-il chez les uns les sentiments religieux ;
chez d'autres il prépara des retours qu'il compléta lorsqu'il fut prêtre. Il eut en effet le bonheur d'assister à leurs derniers moments un
certain nombre de ses anciens camarades.

On raconte qu'un samedi, ses compagnons,
le voyant un peu plus *faraud* qu'à l'ordinaire,
s'écrièrent d'une seule voix : « Il est beau, pa-
rions qu'il va se confesser. — Eh oui, répondit
M. Claudinon. Vous voudriez bien en faire
autant, mais vous n'osez pas. » L'un d'eux, un
ancien, alors que les autres baissaient la tête
avec confusion, répartit : « On pourrait bien
oser. — Vraiment, père ! Venez alors, vous en
serez tout heureux. — Bah, petit, tu crois ? —
Sans doute, essayez. — Eh ! je veux bien, tu me
prendras à la maison, je préviendrai la femme et
tu me mèneras chez ton curé. » Le soir tombe.

Au sortir de l'atelier, M. Claudinon se présente.
Par discrétion, il ne révèle pas le motif de sa
présence. « Femme, dit l'ouvrier, donne-moi
vite un habit convenable. » La femme, habituée
à recevoir seulement des compères qui entraî-
naient son mari au cabaret, s'imagine que le
nouveau venu ressemble aux autres... « Vous
ne pouviez pas demeurer chez vous, ivrogne !
— Mais, ma bonne dame, réplique M. Claudinon, je vous assure... c'est pour un bien. —
Taisez-vous, s'écrie-t-elle, je sais ce que je dis.
Vous êtes comme les autres. » Le mari intervient,
« Femme, obéis sans insulter personne. Tu ne
sais ni ce que tu dis ni ce que tu fais. » Le ton
de voix était ferme, elle s'exécute. Elle fut bien
heureuse le soir en apprenant que son mari avait
repris le chemin de l'église pour oublier celui du
cabaret.

L'ancien resta l'ami du petit, vint le visiter
quand celui-ci fut prêtre, vécut et mourut en
chrétien.

La plus belle conquête du jeune apôtre fut la
conversion d'un protestant. Celui-ci, excellent
homme, père de famille exemplaire, s'était pris
d'intérêt pour Antoine. Dans un moment

d'expansion : « Petit, lui dit-il, tu es trop gentil pour rester dans ta religion. Je désire t'emmener dans la mienne. — Tenez, répond le petit, moi de mon côté je vous trouvais trop parfait et trop bien intentionné pour rester plus longtemps dans l'erreur. Je pensais vous convertir. — Me convertir ! s'écrie le protestant. — Oui, vous convertir. Je veux vous rendre le service que vous m'offriez. Voyons qui l'emportera. »

La discussion commence. Elle porte principalement sur l'Eucharistie et sur la Pénitence, sacrements que les réformés ont niés et rejetés, comme d'ailleurs tant d'autres institutions divines. Le protestant, bientôt interloqué, s'en tira par cette proposition : « Je vais appeler un ministre ; toi, un prêtre : ils discuteront, et nous appartiendrons à la religion du vainqueur. — Ce n'est pas la peine de déranger un prêtre pour si peu, appelez seulement votre ministre. Tout ignorant que je suis, je me charge de le confondre. « Le protestant hésite. » Vous hésitez ? Vous craignez peut-être pour moi ? Afin de vous prouver que je ne suis pas effrayé, montrez-moi votre Bible ; je soulignerai les passages les plus propres à montrer la fausseté de votre religion. Vous prierez ensuite

votre ministre de réfuter ces textes. » Le protestant accepte. Il appelle son ministre, pour
discuter avec M. Claudinon. Le ministre n'y
consent point, mais il emporte la Bible soulignée
afin de préparer ses arguments. Ceux-ci tardant
à venir, on l'interroge, on réclame, on demande
des explications ; il refuse tout, même de rendre
le livre.

Cette reculade ébranla fortement les convictions
du protestant. Sa bonne foi lui parut suspecte.
Il sentit que dans cette affaire, lui, son ministre,
sa religion avaient eu le dessous, et cela en face
d'un simple ouvrier. Voilà pourquoi, à son lit de
mort, il appela un prêtre, se confessa et mourut,
comme ses aïeux, avant Luther et Calvin, c'est-
à-dire en catholique.

Il préludait ainsi aux nombreuses conversions
qu'il opérera dans la suite, ouvrier du bon Dieu
dans la vigne du père de famille.

Pensait-il déjà à sa vocation ecclésiastique ?
c'est fort douteux. La voix de Dieu ne semblait
pas s'être fait entendre au jeune homme.

Monsieur Claudinon se préparait humainement
à une mission humaine : il se perfectionnait
comme ouvrier ; il prenait des leçons de français.

de mathématiques, de comptabilité. Il acquérait
ainsi toutes les connaissances nécessaires à la
direction d'une usine. Lui-même sans doute ne
rêvait pas un rôle si important, une situation si
haute. Qui sait pourtant ! S'élever n'est pas une
faute, au contraire. Puis l'influence est en rapport
avec la position. Il serait le maître ou plutôt le
père de ses ouvriers. L'exemple de son oncle
pouvait l'encourager et lui donner cette ambition.
Celui-ci l'aimait d'une affection particulière et
très justifiée : c'était un de ses meilleurs ouvriers;
chacun disait du bien de Jean-Antoine ; enfin,
dans sa propre famille, on chérissait le cousin d'une
façon peu ordinaire. Il était si complaisant et si
serviable ! La maladie sévissait-elle ? il accourait
des premiers et revenait souvent pour soigner,
veiller, distraire, égayer. Le dimanche, il emme-
nait ceux qui étaient valides, afin que leur turbu-
lence n'incommodât personne. Il les conduisait à
la promenade, jouait avec eux, se prêtait à toutes
les fantaisies, même les plus bizarres, apportait
un tel entrain qu'on ne pouvait plus se passer de
lui. Il agissait ainsi par devoir. Il croyait qu'il
fallait faire bien toutes choses, même les promenades. D'ailleurs, pour mettre un peu de joie dans

la tristesse, il faut souvent plus de peine et plus
d'art qu'on ne le pense. Enfin, il n'y a pas en ce
monde d'occupation, pour humble et modeste
qu'elle soit, qu'on ne doive prendre au sérieux et
accomplir consciencieusement.

En dehors de son labeur journalier, de ses
études complémentaires, de ses pratiques pieuses,
ses seules distractions étaient les réunions de la fanfare. Il avait la passion de la musique et réussissait
en cela comme en toutes choses. Il était maître
piston, et sous-chef, à ce qu'on nous a raconté.
Mais sa nature pensive le portait aux réflexions
sérieuses. Les concours musicaux, pour le succès
desquels on se donnait tant de peine, lui semblaient
une grande vanité, sans parler des dépenses, des
périls et des légèretés dont ils sont l'occasion.

Dieu se plaît à détacher des choses terrestres
les cœurs qu'il veut élever à lui !

Les vrais jours de fête d'Antoine Claudinon
étaient ceux où la fanfare prêtait son pieux concours à une cérémonie religieuse. En une solen-
nelle circonstance, elle accompagna la paroisse
dans un pèlerinage à Saint-Roch de Saint-Étienne,
pour l'accomplissement d'un vœu fait par la ville
du Chambon pendant une épidémie. Après la

messe en musique, le jeune Claudinon, qui avait une particulière dévotion à saint Roch, se déroba, laissa partir les camarades ; et resté seul dans cette modeste église, rendue si belle plus tard par son zèle ingénieux, il pria longtemps, agenouillé au pied de l'autel du grand saint.

Je ne sais pourquoi, je suis tenté de croire que la première idée de sa vocation dut lui venir là ! Mais ce n'était pas le moment d'en parler.

Notre jeune ouvrier avait atteint l'âge de la conscription. Le matin du tirage au sort, un camarade qui le remplaçait à la forge pour la circonstance lui dit : « Je te souhaite mon numéro, j'ai tiré, moi, 220. » Antoine se rend à la mairie, met la main dans l'urne et tire le numéro 220. Il y avait seulement deux cent vingt-trois conscrits. Le souhait du camarade semblait lui avoir porté bonheur. « Miracle, s'écria-t-il en sortant, j'ai justement tiré 220. » Il y eut réjouissance dans la famille. La conscription, les sept ans sous les drapeaux, c'était dur alors. On paya un repas aux parents et aux amis, en l'honneur de l'heureux événement.

Mais arrive la revision. Les conscrits réformés sont nombreux et le numéro 220 est pris. Il fallait

ou partir, ou faire un homme, suivant l'expression
de l'époque. Il ne partit pas, on trouva un rem-
plaçant. L'oncle avança la somme, et le jeune
Antoine frappa plus fort du marteau pour que la
dette fût bientôt couverte.

VOCATION

Lorsque la vocation apparut, elle fut irrésistible, c'est le mot qu'il employait lui-même. Il s'en ouvrit d'abord à son frère, M. l'abbé Jean-Marie Claudinon, alors vicaire à Montaud de Saint-Étienne. Celui-ci souffrait d'une maladie de cœur, aggravée par les suites de la petite vérole contractée dans l'exercice de son ministère, et prenait du repos dans la famille. Il consentit à

donner quelques leçons de latin. Ensuite, étonné
de cette idée soudaine, pénétré profondément de
la lourde responsabilité sacerdotale, il n'encou-
ragea point Jean-Antoine. Celui-ci fut conseillé et
soutenu par son confesseur, M. Lortet, vicaire
au Chambon. Pour réaliser déjà ses espérances
dans la mesure du possible, il apprit, devant le
feu de la forge, tout en laminant, ses grammaires
latines; je dis : ses grammaires, car plus d'une
fois le livre alimenta le foyer de la forge, lorsque,
pour éprouver la vocation, on le saisissait et on
le brûlait. Quand il savait ses leçons, il les récitait chez une bonne demoiselle, qui avait reçu
une excellente éducation et qui utilisait ses loisirs
au service du bon Dieu, comme tant d'autres
actuellement, depuis que le démon a fait sup-
primer le catéchisme dans les classes, ce livre
que des païens auraient rendu obligatoire dans
leurs écoles, tant il est pénétré de la sagesse
divine et de la sagesse humaine.

Sur ces entrefaites, le 6 janvier 1862, son frère
Jean-Marie, atteint mortellement, succomba. La
douleur d'Antoine le détacha plus encore des
choses de la terre et affermit sa vocation, que
des conseils et des exhortations inattendues sou-

tinrent pendant ces jours d'épreuve. Après les funérailles, M. Frécon, mort curé de Saint-Just à Lyon, lui avait dit : « Mon ami, vous devriez remplacer votre frère. » Il le remplaça effectivement. Dès 1863, il fut envoyé par M. Lortet à l'École cléricale d'Usson, une des plus fécondes qui aient existé dans le diocèse.

Ce départ avait soulevé de vives oppositions, principalement chez son oncle. Celui-ci, homme pratique avant tout, ne s'expliquait pas bien la conduite de son neveu. Le présent était assuré; l'avenir ne l'était pas moins dans l'usine. D'autre part, le père d'Antoine ne devait pas tarder à rejoindre au ciel son fils Jean-Marie; la mère était continuellement malade. L'intérêt et le devoir semblaient commander la résidence au Chambon, et la continuation du travail manuel.

M. Claudinon passa sur toutes les objections et sur tous les obstacles. Dieu l'appelait; il n'avait qu'à obéir. Quant au reste, la Providence y pourvoirait. Et il partit.

Il passa un an dans l'École d'Usson. Elle était dirigée par un abbé Thomas qui s'intéressa vivement à son grand élève, dont les progrès étaient rapides, l'influence heureuse, les services utiles

aux jours de cérémonie, et qui proposa de le garder une année de plus gratuitement. Il insista
même avec beaucoup d'énergie; mais l'abbé Lortet
refusa avec non moins d'énergie, et la continuation des études dans un petit séminaire fut déci-
dée : celui de l'Argentière eut la préférence. C'était
en 1863.

Assis au pied d'une haute montagne couverte d'arbres verts ou noirs et dominant la
riche plaine de Meys ou de Sainte-Foy, bâti sous
Louis XV par des Chanoinesses, ce séminaire,
avec sa couronne de platanes, ses terrasses en
gradins, ses vastes corps de bâtiments, le grand
dôme de sa chapelle, est certainement un des
plus beaux qui existent. Il était alors très floris-
sant sous la direction énergique de M. Girin,
qui le gouvernait depuis longtemps, avec la
collaboration d'excellents professeurs, dans la
maturité de la vie et de l'expérience. Il avait
encore les deux classes de philosophie et de
mathématiques. Grâce à cet avantage, il attirait
à lui les élèves des autres établissements dont la
vocation n'était pas encore suffisamment étudiée.
Tout le monde y portait le costume laïque. Ceux
qui se destinaient au monde fraternisaient avec

ceux qui se destinaient à l'Église. L'influence pré-
pondérante appartenait aux élèves qui aspiraient
au sacerdoce.

La maison comptait trois cent cinquante
élèves ; nous étions, nous, trente-huit en philosophie. Dès le début, M. Claudinon fut regardé
comme le doyen, ou plutôt comme un patriarche,
suivant l'expression de notre directeur, l'excellent M. Vallet.

Sa vie à l'Argentière pourrait se résumer en
deux mots : il priait et il travaillait. Pendant que
nous jouions aux barres, aux échecs, aux boules,
il *bûchait* dans un coin ou sous un arbre. Quand
on l'invitait à se mêler à nos ébats, il répondait :
« Je n'ai pas l'habitude du repos. J'ai trop de
temps à rattraper. » Parfois, il monitionnait.
Monitionner, c'est donner quelques sages conseils
aux plus jeunes ; c'est, chaque semaine, prendre
successivement les congréganistes confiés aux
grands, les interroger sur les obligations de leur
état, les encourager, les avertir de leurs défauts,
leur rappeler les avis du directeur ; c'est déjà
remplir un rôle d'apôtre. M. Claudinon s'acquit-
tait de cette fonction avec cœur et avec esprit,
sans gêner par excès de zèle la liberté du condis-

ciple, qui, jeune, bouillant, étourdi quelquefois,
souvent ennemi des choses sérieuses, s'esquive et
se cache, en évitant moniteur et monition.

Son repos à lui était au pied de l'autel consacré
à Marie ou près du saint Tabernacle.

Il devint bientôt très populaire, et dans notre
classe et dans les autres. Les plus petits aimaient
à l'entourer et à lui demander quelque histoire;
les grands lui témoignaient un respect et une
estime peu ordinaires. Quelques-uns de ses condisciples sont actuellement dans le monde. Ils n'ont
jamais parlé de lui qu'avec une sorte de vénération. Son amitié a été pour eux une grâce et un
bienfait. On n'oublie ni la religion, ni l'éternité,
quand ces deux choses se sont incarnées, en
quelque sorte, dans une personne que l'on affec-
tionne et que l'on vénère. Ses exemples ont été
un encouragement pour ceux qui sont devenus
prêtres.

Persuadé de l'importance de la philosophie
dans le saint ministère, il s'y adonna avec toute
l'énergie de son caractère. Notre professeur, Monsieur Brosse, qui vient d'être nommé, cette année
seulement, supérieur de l'Argentière, était bon,
zélé, pieux et actif. Levé avant nous, dès quatre

heures du matin, il travaillait à son cours et rédigeait ses *Elementa philosophiæ*, ouvrage clair, méthodique, au courant des questions du jour. Il nous encourageait et nous guidait. Une de ses méthodes était l'analyse des ouvrages célèbres à cette époque. Il mettait ses livres à notre disposition. On lisait et on rédigeait. Plus tard j'ai compris l'avantage de cette direction, dans mes travaux personnels, et à la Faculté des Lettres de Lyon, lorsque Monsieur Ferraz, un maître fort distingué, nous parlait de théories que j'étais parfois seul à connaître, grâce aux analyses d'auteurs philosophiques qui avaient occupé mes études.

Convaincu avec raison que les conférences faites par les élèves sont des amusettes, Monsieur Brosse nous consacrait le matin et le soir, sauf les jours de promenades, les deux heures réglementaires. On avait plus de temps pour réciter la leçon, écouter les développements, présenter les objections, argumenter, afin de s'éclairer ou de contredire. Certaines personnes s'imaginent que les séminaristes sont des cires molles, qui se laissent façonner comme on veut. Ce sont des hommes libres, ils agissent en

hommes libres, et acceptent seulement la formation qui leur convient et leur paraît utile.
On croit aussi que, semblables à des amphores,
ils reçoivent toutes les idées qu'on veut jeter
dans leur esprit. Ils écoutent toutes les idées,
mais ils les examinent, ils les pèsent, ils les
discutent. C'est ainsi qu'ils sont convaincus,
non par l'autorité, mais par la vérité; non par
les affirmations, mais par l'évidence. Ce n'est
point parce que le maître a dit : « C'est cela »
qu'ils répètent : « C'est cela. » Ecoliers dans
toute l'acception du mot, ils sont parfois espiègles,
et vont à droite, à gauche, dans les rangs de
l'opposition. Si quelqu'un était tenté de s'en
plaindre ou de s'en scandaliser, je lui dirais :
« Mon ami, c'est à cette condition que l'Eglise
catholique obtient des hommes d'énergie, de savoir
et de dévouement. Ces vertus leur viennent en
effet ou de leur raison ou de la grâce, qui les
éclaire et les fortifie intérieurement. Ce ne sont
point des aveugles qui se laissent conduire successivement par des générations d'aveugles. Leurs
maîtres se sont formés comme eux; ils se for-
ment comme leurs maîtres, dans le respect de
l'autorité, dans la soumission aux règlements,

mais aussi dans l'indépendance de leur cœur
et de leur esprit. Ils ne relèvent que de la vérité.

Sans contredire de parti pris (ce qui nous arrivait à nous), notre Père Claudinon, qui avait
fréquenté les ateliers, qui connaissait toutes les
difficultés que soulèvent dans l'âme des ouvriers
les problèmes relatifs à l'existence de Dieu, de
l'âme, de la liberté, de la Providence, etc., ne
laissait passer aucune occasion d'interroger. Ses
questions, posées d'une façon plaisante, originale,
piquaient l'attention, provoquaient des réponses
lumineuses, augmentaient l'entrain général, excitaient des interruptions nouvelles, profitaient au
maître et aux élèves.

Aussi que de fois, dans nos réunions annuelles,
avec notre cher Monsieur Brosse, qui n'y manque jamais, hôte reçu ou recevant, avons-nous
rappelé les divers épisodes de ces argumenta-
tions improvisées, dont le souvenir est resté
comme un charme de notre année de philosophie.

Élève exemplaire, Monsieur Claudinon pratiqua
avec une perfection suprême la vertu capitale de
l'écolier, l'obéissance. Il aurait cru commettre
une faute ou manquer de respect en interprétant

ou en modifiant les ordres. En voici la preuve.
Nous avions à l'Argentière, comme maître de
musique, un vénérable laïque, Monsieur Sapy,
qui s'appelait l'Artiste. Vieux et usé, l'Artiste
n'avait guère conservé de goût que pour le bruit.
Il recommandait à la grosse caisse et aux deux
tambours de battre raide; aux cornets, aux trom-
bonnes, aux altos, aux basses, de *cuivrer* à qui
mieux mieux. Ce n'était donc pas sans raison
que sa fanfare était surnommée le *boucan*. Lorsque nous fêtions l'Artiste, nous lui ménagions la
surprise d'un morceau neuf qu'on lui jouait et
qu'on lui offrait. C'était à peu près la seule fois
que notre musique fût supportable, parce que le
condisciple chargé de nous exercer nous obli-
geait aux nuances. Le Père Claudinon, qui était
d'emblée le premier sujet de la troupe, comme
on dit maintenant, fut nommé à l'unanimité
pour nous diriger. Le succès fut superbe, on ne
nous reconnaissait plus. On nous redemanda à
plusieurs fois la fantaisie apprise, nuancée, entraî-
nante. Mais après la fête, adieu le pouvoir du
sous-maître ou de l'élève-chef!... Monsieur Sapy
reprenait le bâton de commandement. Pour plaire
à tous, même à lui, il indiquait la fantaisie et la

menait comme le reste : « *Forte*, criait-il, *fortis-
sime*, soutenez, petits, soutenez. » Les uns déso-
béissaient, les autres obéissaient. Monsieur Claudinon était parmi ces derniers. Son cornet
retentissait comme la trompette du jugement.
C'était la comparaison dont nous nous servions
pour le plaisanter : « Que voulez-vous, nous
répondait-il, le maître a parlé. Je fais ce qu'il
ordonne. Je ne connais que cela. » Et on ne
reconnaissait plus le morceau qui avait charmé
auparavant même les plus délicats.

Son habileté musicale lui servit plus tard à
infliger une leçon à un jeune militaire de Saint-
Etienne. Il passait dans un faubourg où des soldats s'exerçaient, les uns au maniement du fusil,
les autres à celui du tambour ou du clairon. L'un
d'entre eux s'avise d'insulter M. Claudinon qui
s'approche : « Que dites-vous, mon ami ? des
injures à un prêtre que vous ne connaissez pas et
qui ne vous a fait aucun mal ! Vous emploieriez
mieux votre temps à étudier votre clairon. Vous
ne savez pas vous en servir. — Pas m'en servir,
curé ! — Oui, sans vous fâcher. Vous ne savez
pas même placer vos lèvres à l'endroit voulu. —
Hein, calotin, c'est peut-être toi qui me l'ap-

prendras. — Peut-être bien », répond l'abbé. Et saisissant l'instrument, il en tire des sons puissants et sonores qui émerveillent les auditeurs et confondent l'insolent. Le sergent, dont le regard avait suivi l'aventure, apparaît : « Vous êtes attrapé, dit-il au soldat. Puisse la leçon vous profiter ! D'ailleurs, pour mieux la retenir, vous la méditerez pendant dix jours à la salle de police. »

La salle de police était de trop, le bon prêtre l'aurait supprimée si la chose eût été en son pouvoir.

Comme l'âge pressait, M. Claudinon ne resta qu'un an à l'Argentière. Il partit avec plusieurs de nous au séminaire de Saint-Irénée à Lyon.

Là, il fut la régularité même. Les directeurs s'en aperçurent immédiatement et lui confièrent la charge de réglementaire. Il pratiquait à merveille une des choses les plus difficiles, la fusion. Fusionner, c'est aller indifféremment avec tout le monde, en faisant abstraction de ses goûts et de ses sympathies ; fusionner, c'est accepter comme camarades, pendant les heures de récréation, les confrères qui sortent avec vous de la chapelle. M. Claudinon ne se servait ni de ses

coudes, ni de ses yeux pour choisir des connaissances et des amis. Il prenait ceux qui se présen-
taient et s'efforçait, ou d'écouter quand on parlait, ou de parler quand on se taisait, afin que
les promenades en rond ou en large eussent un
peu plus d'attrait et d'agrément. Sa gaieté com-
municative rompait la monotonie des conversations. Il avait quelque chose de l'esprit gau-
lois. Ses bons mots étaient pleins de justesse et
de malice, sans que leur sel fût jamais terni
par quelque trivialité de mauvais goût, ou par
quelque allusion peu séante.

Son travail fut admirable comme sa régularité. Il avait pressenti que les deux sciences
maitresses du prêtre, c'est la théologie et sa
servante la philosophie, suivant le dicton du
moyen âge. De même qu'à l'Argentière il s'était
pénétré des vérités rationnelles sur Dieu, l'âme
et la morale, au séminaire de Saint-Irénée il se
nourrit des vérités révélées. Il y joignit la science
de l'histoire, si importante pour animer et enrichir
la prédication de traits intéressants et originaux,
pour éclairer les choses et les hommes du présent à l'aide des choses et des hommes du passé !
Il ne nous révéla jamais les secrets de son savoir,

les réservant aux fidèles qui pourraient en avoir besoin. Ennemi de tout pédantisme, étranger à toute indiscrétion, dans nos réunions, dans nos repas, dans nos entretiens, il écoutait, il interrogeait, s'excusant sur son peu de connaissance, qu'il attribuait à ses études commencées trop tard et achevées trop vite. Nous ne nous doutions pas qu'il avait acquis un bagage considérable. Il avait sans doute commencé tard ses études, mais il avait travaillé avec acharnement. Ce savoir s'augmenta dans la suite des richesses de l'expérience. C'est en effet après le grand séminaire que l'on acquiert le plus. On est formé ; on se trouve en face de la réalité, et non pas simplement en contact avec les livres; on étudie la théorie et la pratique, les idées et les êtres. Les progrès sont assurés et rapides.

Une partie importante de la formation sacerdotale consiste dans les résolutions à prendre, et surtout à tenir.

Il les prenait et il les tenait énergiquement. Nous connaissons une d'entre elles.

Alors que la plupart des personnes ouvrent leur âme à tout propos, afin de communiquer et leurs secrets qui les livrent à la merci des étrangers, et leurs fantaisies, caprices, extravagances, rêves qui les ridiculisent, et leurs souffrances et leurs ennuis qui lassent et importunent le prochain, M. Claudinon se taisait obstinément, et ne confiait qu'à Dieu les choses et les douleurs intimes. Bien plus tard, quand il était curé, quelqu'un qui s'intéressait beaucoup à lui s'en plaignait : « Avec vous, il faut deviner ; quand on a deviné, vous n'osez pas nier, mais voilà tout. Ce silence est pénible. N'indiquerait-il pas un manque de confiance ? — Mais non, reprit-il, vous me forcez à vous avouer que c'est une de mes résolutions du Grand Séminaire. J'avais décidé de ne jamais parler de moi à personne, sinon à mon confesseur et au cas d'absolue nécessité. Quand je crois manquer à cette résolution, je souffre le martyre. »

Aussi ne dira-t-il rien plus tard lorsque les souffrances auront commencé pour lui. Quand on devinera ses maux, quand on l'invitera à aller à la campagne, à se reposer, il se défendra avec une sorte d'obstination. A bout d'expédients, mais résolu à ne se point ménager, il répondra : « La souffrance, c'est le lot du prêtre. Il faut qu'il souffre pour que son ministère soit fructueux. »

Si nous ignorons la plupart des résolutions du
Grand Séminaire, nous connaissons quelques-
unes de celles qu'il prit pendant ses retraites.
Nous les avons retrouvées dans son bréviaire. Il
faisait chaque année sa retraite avec une régularité exemplaire, mais le plus souvent sans
quitter sa paroisse et ses fonctions. Plus tard,
quand l'autorité diocésaine exigea une retraite
tous les deux ans au Grand Séminaire, sans
omettre ses exercices annuels, il obéit avec sa
ponctualité habituelle. C'était du reste la seule fois
qu'il abandonnât sa paroisse. Il restait sourd à
toutes les sollicitations de ses amis qui l'excitaient
à venir se délasser et se rétablir chez eux et avec
eux, dans leurs familles ou dans leurs presby-
tères. Les vives instances, aux dernières années
de sa vie, alors que nous nous apercevions que le
changement d'air et de vie était absolument nécessaire, n'eurent pas plus de succès qu'à l'époque
de ses débuts dans le ministère. Il ne se reposait
que pendant les quatre à cinq jours de retraite, si
toutefois c'est se délasser que d'employer son
temps, comme il le faisait, à prier, à méditer, à
écouter les instructions et les sermons du prédica-
teur, à les transcrire, à coucher sur un lit primitif.

Voici quelques-unes de ses résolutions. Nous n'écrivons pas cette notice pour autre chose que pour instruire et édifier.

« 1871, 1er au 6 octobre, au Grand Séminaire. En présence de Marie, ma trop tendre et bonne Mère, en présence de mon Jésus, si tendre et si libéral pour moi, en présence de saint Joseph, de tous les Saints, de tous les bons Anges, de tous mes Patrons et Protecteurs, je prends les résolutions suivantes, que je me propose de pratiquer toujours avec l'inspiration et l'aide du Saint-Esprit et des Saints ici désignés.

« 1° J'irai devant le Saint-Sacrement, et chaque fois je demanderai à mon divin Maître de m'inspirer ce qui est le plus à propos que je fasse pour le bien des âmes ; et je prendrai des résolutions.

« 2° Je me lèverai autant que possible une heure avant la première messe, pour faire ma méditation. Si je ne peux la faire avant, je la ferai toujours après la sainte Messe. Chaque semaine, j'aurai au moins une fois une demi-heure d'adoration régulière au Très Saint-Sacrement, comme au Grand Séminaire.

« 3° Autant que possible, j'occuperai mon temps libre des matins à étudier la Sainte-Écriture, la Théologie, l'Histoire de l'Église et celle de France. Si je n'ai pu le faire le matin, je tâcherai de le faire un peu le soir. Je lirai aussi la *Vie des Saints*, l'*Imitation de Notre-Seigneur Jésus-Christ*, l'*Introduction à la Vie dévote*, la *Pratique de l'Amour envers Jésus-Christ* et le *Combat spirituel*. Tels seront mes livres favoris.

« Le soir, mon temps sera employé à la visite des malades et des dignitaires de mes confréries; mon temps libre sera consacré à mes instructions et catéchismes.

« Je ne prendrai pas de récréation et ne rendrai de visites que si la charité m'en fait un devoir.

« 4° Au confessionnal, j'éviterai toute question oiseuse; je me contenterai de la plus stricte intégrité, n'interrogeant que dans la plus grande nécessité.

« 5° Chaque mois, je tâcherai, au quatrième dimanche, de faire ma préparation à la mort, ma revue du mois et de relire cet écrit.

« 6° Pour la sainte Messe, je renouvelle toutes mes intentions et résolutions de ma retraite d'ordination, je les relirai et observerai de mon mieux.

« C'est à vos pieds, ô ma bonne et tendre Mère,

dans un désir brûlant d'aimer et de faire aimer mon Sauveur que je prends ces résolutions. Oh! je ne puis rien. Daignez les bénir et m'obtenir la grâce de les mettre en pratique toute ma vie. Je vous en supplie par le sang et les mérites de mon Dieu et votre amour perpétuel pour moi. Amen. »

En 1873, après avoir pris des résolutions identiques à celles de 1871, il écrit ces lignes touchantes :

« O Marie, ma tendre mère, ô mon bon Jésus, ô mes saints patrons, mes protecteurs, tous les saints, tous les anges du ciel, aidez-moi à aimer, à faire aimer mon Dieu, à lui sauver des âmes, à lui gagner des cœurs, à bien accomplir toutes mes résolutions. Bénissez votre indigne petit, le fils, le frère et l'esclave de Marie.

« 10 octobre 1873.

« *Signé :* Jean-Antoine CLAUDINON,
« Vicaire. »

En 1875, il ajoute :

« Je pardonne à tous mes ennemis; j'obéirai tant que je le pourrai; je garderai le silence quand on me fera de la peine; autant que possible je ne parlerai pas des personnes qui m'ont fait souffrir ; je me tiendrai toujours uni à mon bon Jésus, à Marie et aux Saints ; je ferai du bien aux âmes, aux paroissiens, puis à tous autant que possible.

« En présence de Jésus, mon Sauveur, de Marie, ma bonne Mère, de saint Joseph, de tous les anges et de tous les saints.

« 24 septembre 1875.

> « *Signé :* Jean-Antoine CLAUDINON,
> « Vicaire. »

En 1877, il y joint cette réflexion :

« Je dirai souvent à mon âme : *Ad hæc quid Christus.* Quel rapport le Christ a-t-il avec ces choses?

« Seigneur, faites-moi connaître et pratiquer ce qui est le plus avantageux à votre gloire et au bien des âmes. *Domine, ostende mihi viam in qua ambulem. Quid me vis facere, dicere in tali et tali casu, pro te et pro animabus tuis.* Seigneur, montrez-moi la route où je dois marcher. Que voulez-vous que je fasse pour vous et pour les âmes?

« O Marie Immaculée, ma bonne Mère, bénissez ces résolutions.

« 28 septembre 1877.

« *Signé :* Jean-Antoine CLAUDINON,
« Vicaire. »

En 1882 :

« Je prends aux pieds de mon bon Maître, de
Marie, ma bonne mère, et de tous les Saints plus
haut désignés, la résolution de me maintenir toujours en union d'esprit avec mon Jésus, Marie et
le Ciel; et ainsi de remplir mon saint Ministère,
toujours caché, ignoré de toute la terre, sous le
seul regard du Ciel.

« Je m'efforcerai de remplir les résolutions
prises les années précédentes.

« 22 septembre 1882.

« *Signé :* Jean-Antoine CLAUDINON,
« Vicaire »

En marge, la note suivante :

« La douceur, le calme, la fermeté dans mes
adversités, surtout dans mes catéchismes d'enfants laïques. »

En 1883 :

« Le but de cette retraite sera de nous faire

agir pour l'amour de Jésus-Christ et des âmes,
en toutes choses. C'est ma résolution, me rappeler ce but en tout.

« Lyon, 28 septembre 1883.

« *Signé :* Jean-Antoine CLAUDINON,
« Curé. »

Simile est regnum Dei grano sinapis.

En 1887, résolution, la confiance en Dieu :

« *In te, Domine, speravi, non confundar in æternum.* J'ai espéré en vous, ó Seigneur, je ne serai
pas confondu. »

SAINT MINISTÈRE

Un prêtre aussi pieux, aussi profondément pénétré de la grandeur et des devoirs du sacerdoce, est le don le plus précieux que Dieu puisse faire à son Église.

Le premier poste de l'abbé Claudinon fut celui de Marlhes, dans les montagnes de la Loire. Cette paroisse vaste et religieuse offre de grandes consolations à ses prêtres, mais elle leur impose beaucoup de labeur et de dévouement. Après quelques semaines, quand on le vit à l'œuvre, la population, qui garde avec soin le souvenir et le culte de saint François Régis, observa de nombreuses ressemblances entre l'apôtre du Vivarais et le nouvel abbé. Le rapprochement était fort juste. Il n'est point douteux que M. Claudinon, dans ses traits principaux, reproduisait inconsciemment la physionomie et les manières du saint missionnaire ; on l'a remarqué souvent depuis. Lors du vicariat de Saint-Roch, il introduisit le culte de saint François. Au moment où il lisait l'histoire de cet apôtre, à chaque neuvaine, les auditeurs ne pouvaient s'empêcher de dire intérieurement : « C'est sa propre vie qu'il est à nous lire. »

A Marlhes, il passait sa journée à son confessionnal, à ses catéchismes, à ses visites de malades, au pied des autels. La nuit, il priait et il travaillait. *Consummatus in brevi explevit tempora mulla.* Nous avons dans cette existence occupée sans cesse une explication nouvelle de ses connaissances nombreuses, mais, hélas ! aussi de sa fin hâtive. On ne dure pas longtemps, à moins de circonstances extraordinaires, quand on multiplie les occupations et les fatigues, en supprimant même le sommeil. D'abord, au début de sa carrière, notre ami est encore jeune et robuste; il n'a que Marlhes à desservir. Vers la fin de sa vie, les infirmités viendront avec un surcroît de travail. Il ne diminuera presque rien de ses labeurs et de ses prières, et il succombera à la peine, comme tous les héros du devoir.

Il accomplissait auprès des malades pauvres les actes de dévouement que l'on admirera plus tard dans tous les postes où la Providence l'appellera. Comme une sœur de charité, il fera le lit, il balayera la maison ; il préparera des repas ou des infusions ; il apportera des aliments, des remèdes et de l'argent.

S'il n'y a personne pour garder, la nuit ou le jour, il veillera et, à son départ, ceux qu'il aura ainsi visités croiront avoir reçu la visite même de Notre-Seigneur, tant ce prêtre ressemblait à Jésus, le prêtre éternel.

Un jour, un frère et une sœur, l'un vieux garçon, l'autre vieille fille, furent atteints ensemble de la petite vérole. Ils n'avaient qu'une nièce, en condition dans la localité. M. Claudinon pria les maîtres de laisser leur servante s'installer auprès de l'oncle et de la tante, afin qu'ils ne fussent pas abandonnés. Quand on connut la nature de la maladie, non seulement on refusa, mais on menaça de ne pas reprendre la domestique. Le vicaire, sans insister, afin de ne pas exposer la jeune fille à la perte d'une place sûre et lucrative, s'adresse aux Sœurs. Madame la Supérieure s'effraye, en véritable mère, des conséquences du dévouement proposé à ses religieuses. Elle n'ose pas dire oui. Alors il se rend à la cure, et comme le soir était déjà avancé, il prend une lumière et se dirige vers l'habitation des abandonnés. En route, il rencontre une des Sœurs (il fallait passer devant la Communauté) : « Où allez-vous ainsi à cette heure, Monsieur l'abbé? — Où je vais? Soigner deux malades. — Soigner deux malades, vous, Monsieur l'Abbé? — Il faut bien, puisque je ne trouve personne. — Il y aura quelqu'un, » dit la religieuse, et elle partit remplir le rôle de Marthe.

Un autre soir, après la journée employée comme il savait le faire, il saisit, à la fin du souper, son chapeau et sa canne; il se disposait à partir. « Où allez-vous? lui dit Monsieur le Curé. — Dans un tel hameau, il y a un fiévreux qui n'a personne. J'y cours. — Non, non, vous resterez au presbytère; je vous l'ordonne. A travailler le jour et la nuit, on se tue. Nous avons besoin de vous. Que deviendrions-nous avec notre besogne, si vous nous manquiez ! » Pour ne pas attrister son pasteur, il sacrifia la charité à l'obéissance, et il rentra dans sa chambre; on l'entendit long-temps encore marcher en récitant son chapelet ou ses prières.

Sa bonté n'allait pas jusqu'à la faiblesse, quand il s'agissait de soutenir les droits du clergé. Un de ces paysans comme il y en a parfois, qui vendent cher, achètent bon marché, se font payer comptant, prennent à crédit, avait convolé en légitimes noces. La cérémonie achevée, le quart d'heure de Rabelais commence. « C'est quinze francs, dit M. Claudinon. — Quinze francs, c'est trop cher, cinq francs suffisent. — Cinq francs ! Mais regardez donc votre femme ! Vous la marchandez à cinq francs ! Vous... » Il n'eut pas envie de continuer. L'homme, honteux, payait, après avoir infligé à sa jeune épouse une humiliation imméritée, après avoir été puni par les rires et les railleries des assistants et des invités.

Il resta deux ans à Marlhes (1868-1870), en y gravant un souvenir impérissable. Certaines âmes qu'il avait dirigées continuèrent à l'avoir pour confesseur. Quelques-unes étaient à son église le lendemain de ses funérailles. Elles attendaient leur père qu'elles ne croyaient pas avoir perdu, et elles furent dans la désolation quand elles connurent la fatale nouvelle.

Saint Roch que M. Claudinon vénérait, saint Roch qu'il avait prié, comme nous l'avons dit, lors d'un pèlerinage, réserva à sa paroisse de Saint-Étienne presque toute la vie sacerdotale de notre ami. Il fut envoyé là pendant « l'année terrible », il y resta comme vicaire jusqu'en 1883. Il y revint comme curé, en 1887, après avoir été réclamé une première fois en 1882, lors de la démission de M. Patouillard.

Son activité pendant la période du vicariat est vraiment infatigable. Il quitte le confessionnal pour la chaire, la chaire pour les malades, les malades pour les catéchismes, les catéchismes pour le confessionnal, et toujours ainsi, sans arrêt ni trêve, gardant une inaltérable sérénité au milieu de ce travail écrasant. Il n'oublie rien de ce qui concerne les intérêts de la gloire de

Dieu et du salut des âmes, il néglige seulement les règles les plus élémentaires de la prudence en ce qui touche sa santé : aucune précaution, aucun soin, point de reposantes distractions, point de repas réguliers. A ceux qui se plaignent de ses saints excès, il répond : « Le repos du prêtre et sa nourriture, c'est le bien à faire aux âmes. On ne sent ni la lassitude, ni la faim, ni la chaleur, ni le froid, quand on a devant soi ces chères âmes et qu'on peut leur être utile. »

Malgré son ardeur au travail, il est débordé. Il s'en fait un reproche : « Excusez mes retards, écrit-il humblement à une âme pieuse. Il me faudrait des jours de trente heures pour suffire à tout. Sans doute, je ne sais pas m'y prendre, ou bien je ne suis pas assez actif. Je suis toujours affairé et je n'avance pas. Priez le bon Dieu que je m'agite moins et que je fasse mieux et plus. »

Cette existence toute faite de charité et de dévouement le rendit bientôt, au spirituel comme au temporel, une sorte de Providence à Saint-Étienne. Aussi la désolation fut-elle générale lorsque, en 1883, le lundi de Pâques, on apprit qu'il avait été nommé à la cure de Saint-Joseph, près Rive-de-Gier. Ce fut alors une anticipation des scènes touchantes qui se produisirent à sa mort; mais il n'y assista point. Il quitta furtivement la paroisse afin d'éviter ces démonstrations qui, disait-il, « ébranlent inutilement les âmes et gênent leur parfaite soumission à la volonté de Dieu. »

Sa lettre de nomination lui avait été remise le Samedi Saint, vers 11 heures du soir, comme il rentrait au presbytère, après une journée entière passée au Saint Tribunal. Surpris, il exprima au premier moment le désir de terminer la quinzaine de Pâques, parce que des malades et d'autres personnes avaient commencé leur confession avec lui. On lui répondit que c'était impossible, que son successeur arrivait immédiatement. Il n'insista pas, il aurait craint de manquer à l'obéissance. Il se décida même à partir bien vite, et pria seulement Monsieur le curé de ne point parler de son changement avant qu'il fût loin.

Le jour de Pâques, entre les heures des offices, il visita en hâte le plus de malades possible, les engageant à finir leur confession, donnant des secours à ceux qui en avaient besoin, des consolations à tous, mais ne laissant pas soupçonner qu'on le voyait pour la dernière fois. Ces braves

gens disaient ensuite : « Nous aurions dû comprendre qu'il s'en allait, ses exhortations avaient
quelque chose de particulièrement touchant. »
Et ils découvraient un sens caché à chacune des
paroles qu'ils avaient recueillies.

Le lundi, il prenait le premier train de Rive-
de-Gier, laissant à sa sœur le soin de faire le
déménagement. Il n'emportait que son bréviaire
et son parapluie.

A Saint-Joseph, c'était la campagne, c'était
l'air pur, c'était le repos. Ses amis, malgré la
séparation, se réjouirent d'une nomination qui
leur permit de meubler sa cure, et qui lui per-
mettrait à lui de rétablir sa santé déjà fort com-
promise. Au début, lorsqu'il fut loin de ce tour-
billon d'affaires spirituelles ou temporelles qui
l'absorbaient depuis longtemps, il fut en quelque
sorte terrifié. Il écrivait alors à un ami : « Saint-
Joseph est un beau village, habité par de braves
gens, mais j'ai peur d'y prendre une trop belle
santé. La force de l'obéissance sacerdotale est
seule capable de m'habituer ici, il faut au prêtre
la lutte et le travail. Enfin, je vais demander
au bon Dieu qu'il m'aide à m'améliorer moi-
même, pour que je fasse, au moins par mes

prières, un peu de bien. » Et quelque temps après : « Je vous ai paru inquiet, le prêtre l'est toujours, tant qu'il n'a pas trouvé le moyen de conduire un grand nombre d'âmes au bon Dieu. Semblable au chef d'armée qui change son champ d'opérations, il est embarrassé jusqu'à ce que ses positions soient prises, ses batteries dressées, et que tout soit prêt à fonctionner. »

Ses dispositions furent bientôt décidées. Les catéchismes qu'il faisait aux enfants, et dont il corrigeait les rédactions, les prônes, les visites aux malades, la correspondance avec toutes les âmes qui de loin réclamaient ses conseils, la réception charitable de tous ceux qui venaient comme en pèlerinage à Saint-Joseph même, un long temps accordé à la prière, ne lui laissèrent bientôt plus aucun loisir. Dès lors, il fut heureux parce qu'il se sentait utile.

Là, comme partout, il se refusa toute satisfaction, même celle de la promenade ou du repos dans son petit jardin : il n'y allait jamais, à moins d'y être entraîné par ses visiteurs, qu'il suivait par amitié ou par charité. Revoir de temps à autre son cher Saint-Roch eût été certainement doux à son cœur ; mais il crut qu'il était plus parfait de rester à l'écart, et il y resta. Il ne reparut pas à Saint-Étienne ; je me trompe, on l'y aperçut un jour : il était venu, entre deux trains, confesser un malade qui ne voulait que lui et qui serait mort sans sacrements.

A ces privations de l'âme il joignait celles du corps. Sans vouloir transformer notre ami en ascète, sans affirmer qu'il imitait les austérités effrayantes dont sont remplies quelques vies d'anachorètes, les cilices trouvés dans sa chambre, ses paroles à un pénitent : « Je vous suppléerai dans l'œuvre des satisfactions, cette pénitence suffit, je ferai le reste, ne vous inquiétez pas, » laissent supposer qu'il connut et pratiqua des mortifications rigoureuses et volontaires, particulièrement aux époques où sa santé et le relâche de ses occupations le lui permirent.

Du jour où il fut curé, il connut cependant une joie qu'il apprécia vivement : celle de recevoir ses amis. Son accueil était si chaleureux, son entrain si démonstratif, son hospitalité si cordiale, et même si confortable, grâce aux soins délicats de sa bonne sœur, qu'on ne savait plus s'en aller ; on ne demandait qu'à revenir.

Nous, ses condisciples, qui ne connaissions

guère que sa vie mortifiée, nous fîmes à notre
agréable surprise l'expérience de cette hospitalité.
Il nous avait invités pour notre réunion annuelle.
Comment fera-t-il? Sans être inquiets, nous
n'étions pas trop rassurés. Les ermites visités par
leurs amis les recevaient... Dieu sait comme. La
Providence était parfois obligée d'intervenir:
témoin le repas de saint Paul et de saint Antoine.
Quelques mois avant la réunion définitive,
nous allâmes en petit nombre étudier le pays,
voir le presbytère, expérimenter le mode de
réception. Nous revînmes confondus; nul accueil
plus simple, plus généreux, plus avenant. Le Père
décidément ne mortifiait pas son prochain. Il
savait pratiquer tous les devoirs avec une discrétion exquise.

La réunion complète fut superbe. Afin d'obéir
au programme, il avait préparé un service
funèbre pour le repos de l'âme des maîtres et des
condisciples défunts. Puis il avait, par une inspiration personnelle et délicate, convoqué tous ses
paroissiens de Saint-Joseph à venir prier avec
nous. Ils vinrent tous. Grâce à cette foule, à la
beauté de l'église, au grand nombre des chantres,
à la richesse des ornements, la cérémonie eut un

éclat que nous avons rarement vu dans les autres
paroisses où nous nous sommes transportés successivement, dans le but de raviver l'affection de
ceux qui restent et le souvenir de ceux qui ne
sont plus.

Le banquet ne laissa rien à désirer. Les habitants de Saint-Joseph avaient aidé le pasteur, non
seulement à prier pour les morts, mais encore à
bien traiter les vivants.

Je suis revenu à Saint-Joseph, trop peu souvent
à son gré, trop peu souvent au mien. Les
jours sont, hélas ! trop courts en ce monde ;
les affaires occupent tout ; il ne reste presque
rien pour l'amitié.

Monsieur Claudinon, quand il recevait, ne
s'imposait pas. Il nous laissait en liberté aller et
venir. D'ailleurs, les fonctions sacerdotales ne lui
permettaient pas d'être avec nous continuellement. On se contentait du plaisir de vivre sous
son toit, de s'asseoir à sa table, de jouir pendant
le repas de ses conversations gaies et spirituelles,
d'avoir quelques entretiens intimes. Il avait le don
d'exprimer beaucoup de choses en peu de mots.
Il savait aussi témoigner son affection autrement
que par des paroles. Il partageait les joies avec

un bonheur qui surpassait le nôtre. Il devinait les soucis, il souffrait de voir souffrir, jusqu'à pleurer! Supposait-il une gêne, il proposait une part de ses modiques ressources. Nous connaissons intimement un de ses condisciples qui, nommé à un poste nouveau où il aurait pu avoir besoin d'argent pour les frais d'installation, reçut de lui, avec des félicitations, l'offre généreuse d'une somme qu'il mettait à sa disposition pour le temps nécessaire.

Si la chose eût été possible, ses amis auraient eu contre lui un petit grief : il recevait, mais il se laissait peu recevoir. Il n'est venu que dans deux circonstances aux réunions de notre classe : une première fois pour nous avertir que c'était à lui à nous inviter, une seconde fois à cause de ses pauvres. Un de ses condisciples, son bienfaiteur généreux, celui-là même qui s'est réservé la dernière et délicate attention de faire publier ces pages, l'avait menacé : « Si tu ne viens pas, je ne te donne plus rien. » Alors, pour ne pas priver ses malheureux, il se permit d'être un jour heureux avec nous. Il s'était fait une règle de ne laisser le poste que dans le cas d'absolue nécessité. On lui pardonnait en faveur du motif.

Cependant ses amis le voyaient de temps à
autre à leurs fêtes de famille, où il faisait une
apparition pour s'associer à la joie commune. Il
était rare qu'il acceptât à dîner; s'il y consentait,
il se levait de table au bout de peu de temps, le
surplus était inutile. Parfois on insistait pour le
retenir : « Restez, lui disait-on. — Je ne peux pas,
on m'attend. — Si l'on vous *attend*, pourquoi
vous inquiéter, vous ne risquez pas de manquer
les personnes. » Il répliquait en souriant : « Non,
on ne m'attendrait pas, on agirait comme à
l'époque de ma jeunesse au Chambon. Lorsque
nous allions à confesse, si le prêtre tardait un
peu trop, on commençait à s'impatienter. Puis,
le diable qui n'était pas loin, et ne trouvait pas
son compte à la grande action que nous allions
accomplir, venant à la rescousse, on commençait
à dire : Si l'abbé ne vient pas bientôt, nous
partons. Et on le disait avec un air de conten-
tement! L'attente se prolongeait-elle, quelques-
uns très satisfaits s'enfuyaient au plus vite en
emportant leurs péchés... Je ne veux pas, ajou-
tait-il, exposer mes pénitents à des tentations
et à des périls semblables. » Et il se hâtait
d'aller où l'appelait le devoir.

Même pour ces courtes absences, il indiquait toujours l'endroit où il était, depuis qu'un jour, ayant négligé cette précaution, il ne put être trouvé pour un malade qui le réclamait.

On le vit donc quelquefois, à l'exemple de Jésus-Christ, partager le repas de l'amitié; on le vit plus régulièrement apporter ses consolations aux heures de tristesse. Il choisissait même les moments les plus douloureux, ceux de l'agonie et des funérailles.

Mais s'il aima beaucoup, il fut beaucoup aimé. Cette affection presque universelle fut la juste récompense de sa vertu, de sa bonté et de son dévouement. Il connut des sympathies profondes et durables, faites de vénération et de reconnaissance. Il goûta les douceurs de l'amitié la plus délicate et la plus consolante. O amitié sainte ! c'est en pensant à ta force et à tes charmes qu'il disait : « La mort ne sépare pas ceux qui se sont aimés dans le Seigneur; *c'est comme avant*, seulement on ne se voit pas. » Courage, l'exil est court et l'éternel bonheur est au bout !

Certaines personnes se sont attristées en pensant que leur pasteur n'avait pas ressenti les joies des affections sacerdotales; elles se

consoleront, je l'espère, en lisant cette biographie.
M. Claudinon a eu dans le clergé des amis nombreux et excellents. Il les méritait, et dès ce
monde on est récompensé un peu. Sans doute il
a excité des jalousies et quelques défiances; mais
qui donc ici-bas n'a point récolté d'ivraie en
semant du bon grain! Qui donc s'est élevé jusqu'aux vertus héroïques sans provoquer les riva-
lités des natures vulgaires! La grandeur n'est guère
appréciée que par la grandeur, *simile simili gaudet*.
Les âmes basses et communes ni ne montent, ni
ne voient haut. Comprenons leur infirmité en
l'excusant, et n'adressons point un reproche à la
tortue si elle raille le cerf, au roitelet s'il jalouse
l'aiglon. Il est des gens qui souffrent de voir chez
les autres des vertus qu'ils ne pratiquent pas.

Qu'on nous pardonne cette longue digression
sur l'amitié, elle était un besoin de notre cœur.
Revenons aux habitants de Saint-Joseph. Eux
aussi donnèrent à leur saint pasteur les consolations les plus douces. Les belles communions
pascales où personne ne manquait, la sanctification des principales fêtes de l'année par la fréquentation des sacrements, la fidélité à suivre
les exercices du carême et de la mission prêchée

en 1883, l'affluence régulière à toutes les processions réjouirent son cœur d'apôtre. Il fut heureux aussi de l'assiduité universelle à ses instructions du dimanche. Dans son humilité, il craignait parfois qu'on se lassât d'entendre toujours la même parole, toujours le pauvre curé, le pauvre prêtre des âmes, comme il aimait à se nommer.

Au contraire, on attendait avec impatience le moment d'être intéressé et réconforté par cette parole sincère et toute sacerdotale. Un brave paysan disait un jour : « Avant ce M. le curé-là, j'allais à la messe à Saint-Martin-la-Plaine. Il y avait les amis, ça faisait distraction. Maintenant, je reste à Saint-Joseph, son sermon me manquerait bien trop! Pendant la semaine, je répète souvent à ma femme : « Quet-ou qu'au « va nou dzire dziomégi? » Et il ajoutait : « Les autres curés veulent bien nous conduire au ciel, mais lui veut plus que ça ; il faut que nous montions sur le plus haut échelon. » Un vénérable vieillard s'écriait : « Ah! si les gens de Saint-Joseph savaient le bien que leur veut ce bon curé, comme ils l'écouteraient, comme ils lui obéiraient! »

Ils lui obéissaient d'ailleurs. Quelques âmes, sous sa direction, pratiquèrent la confession fréquente, chose assez rare dans les campagnes, où la vie matérielle est si absorbante.

Il ne négligeait aucun moyen d'être utile et agréable. On voulait avoir deux messes le dimanche et les jours de fête. Le pasteur s'ingénia pour procurer cette satisfaction à ses paroissiens, et il n'y réussit pas sans peine. Les prêtres, les séminaires, les établissements libres auxquels il s'adressait, ne voulaient point prendre un engagement durable. Un jour il nous confia son ennui à cet endroit, ennui d'autant plus vif qu'il craignait d'être soupçonné de mauvaise volonté. Avec la manière trop habituelle d'interpréter l'insuccès, plusieurs personnes auraient pu dire : « S'il n'obtient pas, c'est qu'il ne veut pas, c'est qu'il ne prend pas les moyens propices. » Nous le rassurâmes de suite ; et, heureux de rendre un service à celui qui n'en demandait jamais, mais en rendait sans cesse, nous lui envoyâmes de l'Institution des Minimes, chaque dimanche, un de nos professeurs.

Les paroissiens de Saint-Joseph jouirent de leur bon curé bien peu de temps. En décembre 1885, il fut nommé à Lorette. Le bruit de son changement s'était répandu : le nouveau poste était dans le voisinage. Son cœur ne lui permit pas de s'en aller sans adresser des adieux à ses chères brebis. A la messe, en chaire, avec attendrissement, au milieu de l'émotion générale, il résuma en peu de mots le cours de ses instructions hebdomadaires ; avec son tact habituel, il insista sur la persévérance : « Il semble, mes bien chers Frères, que je sois venu parmi vous pour vous faire une simple mission. J'ai eu à peine le temps de vous démontrer la divinité de la Religion, mais j'ai confiance que vous l'aimerez et la pratiquerez touours. Je vous ai fait remarquer la nécessité absolue de sauver votre âme, je vous ai montré son prix, le malheur du péché qui la perd à jamais, promettez-moi de travailler à votre salut.

« Adieu, mes bien chers Frères ; si je vous avais fait involontairement quelque peine, pardonnez-moi, je n'ai voulu vous faire que du bien.

« A Dieu ! C'est vers Dieu que je vous invite à diriger toutes vos pensées, toutes vos actions, toutes vos souffrances, c'est vers Dieu que je veux vous retrouver ici-bas et là-haut.

« Je vous demande à tous l'aumône de vos prières, afin que je puisse faire du bien à vos frères de Lorette. »

Plus encore qu'à Saint-Joseph, son séjour à Lorette fut une simple mission. Il y resta treize mois à peine, assez cependant pour que sa mémoire soit là encore en perpétuelle bénédiction.

Lorette, comme la plupart des villes situées entre Givors et Saint-Étienne, est peuplée principalement par des forgerons et des mineurs.

M. Claudinon, qui avait été ouvrier lui-même et qui avait gardé dans son extérieur, peut-être même volontairement, quelque chose de son premier état, serrait la main à tous comme à des égaux et à de vieux camarades. Il leur adressait des paroles de circonstance, pleines de cœur, de sympathie et d'expérience. Il devisait avec eux sur leurs occupations, sur leurs familles, sur leurs affaires. Au besoin, pour leurs nécessités, dans leurs maladies, dans leurs épreuves, il avait un peu d'argent et des consolations. Aussi eut-il beaucoup de succès et beaucoup d'influence sur ces travailleurs, qui souvent connaissent si mal la Religion et le Sacerdoce, et qui bien vite reviennent de leurs préjugés et de leurs erreurs quand ils rencontrent un vrai prêtre, c'est-à-

dire un homme de foi, de charité et de dévouement.

La Municipalité républicaine avait supprimé le
traitement des vicaires. Avec beaucoup de tact et
de dignité, M. Claudinon obtint que ses abbés,
qui travaillaient pour la paroisse, fussent payés
par l'argent des contribuables.

Il quêta deux fois avec succès pour l'École libre
des Frères, les pauvres petits Frères sortis des
rangs du peuple et amis du peuple ! Ce fut,
croyons-nous, grâce à sa sollicitude et à son savoir-
faire que l'École communale des Sœurs ne fut pas
laïcisée.

Sans s'occuper des questions de socialisme,
de communisme, etc., — il lisait à peine le jour-
nal — le bon curé rapprochait les grands et les
petits, les riches et les déshérités, comme aux
premiers siècles de l'Eglise. Les ouvrières
étaient presque seules avant lui à entrer dans les
confréries paroissiales. Il y conduisit les personnes les plus distinguées ; et il sembla qu'on
ne dût bientôt craindre qu'une inégalité : celle
de la vertu.

Un jubilé fut prêché par M. Devuns, aumônier
du célèbre Pensionnat des Frères de la doctrine

chrétienne, à la Montée Saint-Barthélemy de Lyon.

Les exercices furent fréquentés assidûment par un grand nombre de patrons et d'ouvriers, et notre saint ami garda de ce temps de grâces et de bénédictions le plus touchant souvenir.

La sympathie et l'estime universelles dont il jouissait, son influence sur les âmes, les résultats heureux qu'il avait obtenus, et dont sa modestie renvoyait toute la gloire au Seigneur, attachèrent profondément M. Claudinon à sa nouvelle paroisse. Quelqu'un lui ayant dit : « Mais ce pays est un trou d'enfer, où vous a-t-on envoyé? » il répondit : « Partout où l'on fait du bien aux âmes, c'est la porte du Ciel. »

Il serait resté là plus longtemps, suivant toutes probabilités, sans un événement imprévu. M. Philippon, curé de Saint-Roch à Saint-Étienne, mourut subitement, en janvier 1887. Les habitants de cette paroisse, qui n'avaient pu obtenir leur ancien vicaire après la retraite de M. Patouillard, le réclamèrent avec de nouvelles instances. De plus, la Fabrique était dans une situation critique. Personne ne semblait plus apte à la sortir d'une impasse qui paraissait inextricable.

Il fut donc nommé à Saint-Roch. Avec sa soumission habituelle à la volonté de Dieu, il se mit de nouveau en route vers cette paroisse inoubliée.

Son Eminence le cardinal Caverot gouvernait le diocèse. Mgr Belmont, alors grand-vicaire, aujourd'hui évêque de Clermont-Ferrand, présida la cérémonie d'installation. Ce fut une fête de famille. Chacun était accouru pour revoir le prêtre ou le père perdu depuis quatre années qui avaient paru des siècles. Les paroles de M. le Vicaire général furent très élogieuses; on les écouta avec un vrai plaisir. On est si heureux d'écouter les louanges de ceux qu'on aime, surtout quand elles sont méritées ! La réponse de M. Claudinon provoqua une émotion générale. Il fit avec une touchante modestie l'éloge de ses prédécesseurs, puis exprima son dévouement à sa vieille paroisse, et nous convia tous humblement à l'aider dans ses travaux. Le ton pénétrant et cordial de sa parole a laissé dans nos cœurs une douce impression.

Il reprit aussitôt, moins fort, mais aussi courageux, son existence antérieure, à l'époque où il était vicaire.

Le zèle de la maison de Dieu le dévorait. Il travailla à l'embellir. L'église était construite, c'est-à-dire qu'elle avait les quatre murs. Vicaire ou curé, il a successivement placé les vitraux, orné les autels, installé un calorifère, posé un chemin de croix, et achevé si bien l'édifice qu'il est un des plus complets de Saint-Étienne.

Les linges, les ornements, sont nombreux et des plus beaux. Le calice, les burettes, l'ostensoir sont des merveilles.

Modeste pour lui-même, M. Claudinon avait un goût sévère et difficile quand il s'agissait de Dieu.

Le Chemin de croix actuel fut le dernier souvenir pieux qu'il laissa à sa chère paroisse. Le regretté cardinal Foulon, qui en 1889 donna la confirmation à Saint-Roch, avait fait sur l'ancien cette remarque : « Votre Chemin de croix, Monsieur le Curé, n'est pas en harmonie avec votre belle église. — Ah ! je le sais bien, Monseigneur, et j'attends que quelque âme charitable nous en offre un autre » L'âme charitable, dévouée à Dieu et reconnaissante à M. le Curé s'est trouvée, et il a béni de sa main défaillante, peu de semaines avant sa mort, ce monument superbe.

Son église, il l'aimait tant ! Son seul repos, sa

plus douce joie était d'y rester en prière dans les rares instants dont il disposait. C'était autant que possible là qu'il disait son bréviaire, récitait son chapelet, observait les pratiques de son pieux réglement.

Il se plaisait à intéresser les fidèles à tous les objets de la maison de Dieu. Dans des instructions familières, il expliqua les sujets des divers vitraux, afin qu'à chaque regard, pour ainsi dire, une pieuse pensée vînt entretenir l'attention et échauffer le cœur.

L'Église a des annexes dont il faut s'occuper. Il s'en occupa activement. Grâce au zèle de M. Claudinon et de ses prédécesseurs, peu de paroisses sont plus riches en associations et en confréries : Congrégation des Enfants de Marie, Confrérie du Saint-Rosaire, deux Confréries du Saint-Sacrement, une d'hommes, une de femmes, Association des Veilleuses, Archiconfrérie de Notre-Dame des Malades, Œuvre de la Propagation de la Foi, Œuvre de Saint-François-de-Sales, Association de la Sainte-Famille, Archiconfrérie de la Sainte-Agonie pour la conversion des pécheurs et le salut des agonisants. Celle-ci fut fondée par lui en 1872.

En 1873, il établit un ouvroir de charité, qu'il compléta, en 1880, par un ouvroir de petites filles. Le premier habille chaque année environ quarante enfants de la première Communion, et fournit des vêtements à un grand nombre de pauvres. Dans le second, quinze à dix-huit fillettes apprennent l'art de coudre et de raccommoder, art indispensable pour une femme qui veut économiser et tenir convenablement les gens de sa maison.

Malgré la multiplicité de ces œuvres paroissiales, il s'occupa de chacune d'elles, directement ou indirectement, jusqu'aux dernières semaines de sa vie. Il s'informait avec sollicitude des besoins et des progrès, et saisissait toutes les occasions de stimuler le zèle, l'assiduité, la ferveur. C'était une fête pour chacun d'assister aux réunions, tant on était avide de ses bonnes paroles et de ses sages conseils.

Il déploya toujours le dévouement le plus actif pour les Écoles congréganistes. Lorsque, pendant son vicariat, les Frères furent brusquement laïcisés, environ deux cents petits garçons étaient, sinon sans maîtres, au moins sans abri. Il leur fit donner l'hospitalité au presbytère ; on leur ouvrit divers appartements, on mit à leur disposition la cour et le modeste jardinet, et M. Claudinon aida lui-même les Frères dans la surveillance. Un local fut enfin trouvé grâce à ses soins.

Vicaire et curé, il quêta sans cesse pour ses écoles des Frères et des Sœurs, non seulement chez les riches et dans des familles connues, mais à domicile et chez les ouvriers, recevant avec une égale reconnaissance les présents des uns et l'obole des autres.

La fabrique avait des dettes énormes. Le presbytère était construit et non payé. La ville refusait toute indemnité de logement aux prêtres de la paroisse. Il multiplia les lettres et les démarches sans aucun résultat, et finit par ne plus compter que sur la Providence. Elle lui vint en aide par des personnes charitables. Aussi, à son départ de ce monde, a-t-il pu laisser à la fabrique, nets de créances, le presbytère et une maison contiguë. Par modestie, il n'en parla pas de son vivant. On ne l'apprit qu'en lisant ses dernières volontés.

Le ministère sacerdotal a des devoirs spéciaux. M. Claudinon s'en est acquitté avec la plus haute perfection. Nous allons le suivre dans l'accomplis-

sement de chacun d'eux, afin de le rappeler plus
intimement à ceux qui le connurent, afin d'édifier
toutes les âmes.

PRÉDICATION

La prédication est un des principaux devoirs du prêtre. Notre-Seigneur nous a dit : « Allez, enseignez toutes les nations. » Pour enseigner, il faut prêcher. M. Claudinon a rempli fréquemment cet apostolat avec une lumière étonnante, une force sublime et un succès durable.

Il estimait que la parole de Dieu doit être distribuée abondamment. Comme le semeur de l'Evangile, il n'épargnait ni sa fatigue, ni son grain. Il lui arrivait de monter en chaire quatre à cinq fois dans un dimanche, et ses fidèles ne s'en plaignaient pas. Les funérailles à la messe du prône n'étaient pas pour lui un motif de se taire. Au contraire, il profitait de cette circonstance : « Un jour d'enterrement, disait-il, on atteint un certain public qui ne vient jamais à l'église, et dans un mot est parfois renfermé le salut d'une âme. » Pendant le carême, la présence du missionnaire ne lui paraissait pas non plus une raison de silence et de repos : « Le carême, c'est le temps où la parole de Dieu doit être distribuée le plus largement. Pourquoi suspendre les instructions de la messe? Beaucoup de personnes ne peuvent revenir à vêpres pour le sermon; la plupart des mères de famille, les domestiques, les infirmes seraient souvent privés de tout enseignement religieux. » Et il prêchait avec son zèle accoutumé. Le besoin des âmes, avant tout, était une de ses devises.

Dans une retraite que nous avons donnée à Saint-Roch, pendant la célébration de la sainte messe, il adressait avant nous de petites instructions très familières et très touchantes à nos

auditeurs, qui ne s'intéressaient que plus vivement aux autres exercices de piété et de prédication.

A la dernière heure du jour, quoique exténué,
il parlait avec autant de courage qu'à la première.
Bien souvent, à la fin de son existence, alors
que la faiblesse croissait, il descendait de chaire
en sueur, haletant, brisé, mais il avait quand
même déployé en parlant le feu de la jeunesse
et l'énergie de la virilité. Chez lui, comme chez
les hommes vaillants, ce n'était pas le corps,
c'était l'âme qui commandait.

Le caractère de ses prédications est un rigou-
reux enchaînement dans la doctrine et une constante improvisation dans l'élocution. Ces deux
qualités oratoires qui s'excluent souvent s'unis-
sent en lui dans une harmonie parfaite ; cela
tient à la rectitude de son jugement, à la viva-
cité de son esprit, à la promptitude de sa mémoire, à la chaleur de son cœur. Au cours d'un
développement long et serré, nombre d'idées
nouvelles l'envahissent. Il les lance avec ce don
d'à-propos qui lui est particulier. Il les assaisonne
parfois d'une fine plaisanterie dont il a le secret. Je
connais peu de concessions oratoires plus persua-

sives que celle qu'il improvisa un jour devant un auditoire d'hommes, en répondant aux objections dont on poursuit le clergé. « Vous nous traitez de fainéants, leur dit-il, et ce reproche est vrai. Nous ne faisons rien. Mais à qui la faute ? A vous, ou à nous? Si vous veniez à la messe, si vous écoutiez nos sermons, surtout si vous veniez vous confesser, serions-nous sans occupations ! Au lieu de nous appeler paresseux, parce que nous sommes des ouvriers sans travail et cela par votre faute, venez, donnez-nous de la besogne et nous travaillerons. » Après une digression pour éveiller ou remuer son auditoire, il revient sans peine à son sujet et identifie à son discours ce qui paraissait s'en détacher. Il présente avec charme des comparaisons empruntées à la nature, des traits de l'histoire ecclésiastique ou profane, des souvenirs personnels, des maximes de l'Ecriture sainte.

Il savait renfermer en une courte allocution un enseignement substantiel et efficace.

A la messe de onze heures et demie, il prêchait toujours, mais seulement cinq à six minutes ; ce temps lui suffisait pour instruire et convaincre ses auditeurs. Ce qu'il disait était pensé, surtout senti.

C'était l'idée et le sentiment, l'esprit et le cœur.
Des hommes du meilleur monde se plaisaient à
l'écouter et avouaient que ses convictions entraient
dans leur âme pour n'en plus sortir. L'un d'eux,
étranger à la paroisse, vint un jour par hasard à
cette messe de onze heures et demie. Il écouta le
tout petit prône de cinq minutes; il en fut si profondément touché qu'il revint chaque dimanche
irrésistiblement. Il choisit M. Claudinon pour son
confesseur et marcha rapidement dans le chemin
de la piété.

Après l'avoir entendu, on comprenait la vérité
et on l'aimait avec passion, comme lui. On était
souvent touché jusqu'aux larmes, et il n'était
point rare de voir humides même les yeux des
hommes qui parfois pleurent à peine sur la tombe
de leurs fils. Comment résister à des accents
comme ceux-ci :

« Je vous aime tant !

« Je voudrais vous porter tous au Ciel !

« Ah ! mes bien chers Frères, c'est mon cœur
qui me presse de vous exhorter à venir à l'église,
à fréquenter les Sacrements, parce que cela doit
faire votre bonheur ici-bas et là-haut. De plus,
c'est mon Dieu qui m'ordonne d'agir ainsi. Si j'y

manquais, il me punirait. Vous m'aimez trop, mes bien chers Frères, vous ne voulez pas me faire punir ! Alors, s'il vous plaît, venez, venez souvent ! »

« Je ne sais pas vous dire ces choses, s'écriait-il tout à coup, lorsque les mots n'exprimaient pas avec assez d'énergie ses idées et ses profondes convictions; mais si je savais vous les dire, oh ! comme vous trouveriez cela beau ! Demandez au bon Dieu de m'inspirer afin que je vous fasse du bien. » Et encore : « Mes bien chers Frères, vous que j'aime tant, pensez aux saintes vérités du bon Dieu, enseignez-les à ceux qui ne sont pas là. Si la Religion était connue et pratiquée, notre chère France grandirait, le monde entier se relèverait. Faites-la connaître, faites-la aimer. Amenez à l'église vos parents, vos amis, vos voisins; et tous ensemble, sauvez, sauvez vos âmes. Alors vous serez heureux. Oh ! mes bien chers Frères, je voudrais tant que vous soyez tous heureux ! »

Il traite le plus souvent des sujets de longue haleine. A Marlhes, il explique les Commandements de Dieu et de l'Église, les Sacrements et la Prière. A Saint-Joseph, il étudie le péché, ses

causes, ses effets, ses remèdes, puis la divinité de
la Religion chrétienne. A Lorette, il prêche sur
la parole divine, qui révèle à l'homme sa fin et les
moyens de l'atteindre. A Saint-Roch, comme
vicaire ou comme curé, il a embrassé l'ensemble
de la théologie dogmatique et morale. Les fêtes
les moins importantes, les plus petites occasions
étaient pour lui matière à des instructions appro-
priées aux circonstances : on se souvient spécialement de ses prédications pendant l'octave des
Morts, et celle de Saint-Roch ; de ses conseils
intimes et d'un sens si élévé et si solide à l'époque
des retraites ; de ses méditations à la messe de sept
heures pendant les mois de saint Joseph et du
Sacré-Cœur, des allocutions familières des Archi-
confréries.

Ses livres de prédilection étaient la *Bible*, *avec
le commentaire de Carrière*, le *Catéchisme du Con-
cile de Trente*, *Saint Thomas d'Aquin*, les *Sermons
du Père Le Jeune*, l'*Histoire ecclésiastique de Rohrba-
cher*, l'*Introduction à la vie dévote*, l'*Imitation de
Jésus-Christ*. (Il a usé plus d'un exemplaire de ces
deux derniers ouvrages.) Il ne faut pas qu'un seul
livre, malgré le proverbe, il en faut plusieurs, à
condition de les étudier : ce que M. Claudinon n'a

point négligé de faire autant que les occupations du ministère le lui ont permis.

Mais son livre par excellence était le Crucifix. Il a plus appris à ses pieds, dans la prière et la méditation de chaque jour, que dans la lecture des ouvrages les mieux choisis et les plus recommandés.

Il a écrit beaucoup. Ses rédactions formeraient la matière de plusieurs volumes et non des plus petits. Le style est clair, lucide, naturel, sans fausse parure, sans affectation. Pourquoi farder la vérité! Pourquoi, quand elle s'adresse aux humbles — et c'était l'auditoire le plus habituel de M. Claudinon — l'orner d'un vêtement dont on n'apercevrait pas l'élégance et qui serait capable d'obscurcir la pensée! Il s'en tenait au style simple, d'ailleurs le plus difficile. En écrivant, sa plume devait courir, à cause de la multiplicité de ses saintes occupations; il n'avait pas le loisir des vaines recherches. L'orthographe est correcte, sauf dans la ponctuation; les caractères sont lisibles. Les cahiers sont reliés et portent à la fin un catalogue très exact.

Ce qui manque à ces discours actuellement, comme d'ailleurs à tous les discours simplement lus, c'est le ton, c'est l'accent, c'est l'action, c'est l'âme intérieure et divine, *mens divinior*, qui communique aux pensées et aux mots une vie, une force, une intensité extraordinaire. Privé de ces éléments, le discours est comme le chêne couché à terre, qui n'étend plus au loin ses branches vigoureuses et ne vibre plus au souffle du vent.

Nous nous permettons de relever les souhaits qu'il adressa en 1890 à ses paroissiens, afin d'offrir un exemple de sa prédication pastorale. Nous avons copié tel quel, en rectifiant la ponctuation.

« *Venerunt mihi omnia bona pariter cum illa.*

(SAPIENTIA).

« Tous les biens me sont venus avec la sagesse.

« Le grand roi Salomon était monté sur le trône de David ; il avait immolé de nombreuses victimes. Alors Dieu lui apparut : « Demandez-moi, « lui dit-il, ce qui vous plaira et je vous l'accor- « derai. » Le roi réfléchit et demanda la sagesse. Alors le bon Dieu : « Parce que vous n'avez pas « demandé la fortune périssable de la terre, ni la « gloire fugitive des hommes, ni les plaisirs d'ici-

« bas, non plus qu'une longue vie, mais la sagesse
« pour me glorifier et bien remplir tous vos devoirs,
« je vous rendrai le plus sage des hommes ; et de
« plus, je vous accorderai tous les autres biens que
« vous n'avez pas demandés. »

« C'est ce qui faisait dire au grand roi : *venerunt
mihi omnia bona pariter cum illa.* Il avait compris
que la sagesse était plus précieuse que tout ce
qu'il y a de plus précieux sur la terre : *melior
est sapientia cunctis pretiosissimis* (Sagesse, 7-9) ;
qu'elle était plus utile que toutes les richesses :
utilior est sapientia cunctis divitiis (Eccl., 2-9).

« La sagesse est un don du Saint-Esprit qui
porte l'âme à produire en tout ce qui est le plus
glorieux à Dieu et avantageux pour l'éternité.

« Dans les situations ordinaires, la sagesse agit
sous le doux regard de Dieu pour lui plaire en
toute chose ; dans la joie, dans la prospérité, elle
s'humilie et en rend gloire au bon Dieu ; dans
l'adversité, elle se fortifie par la pensée du ciel,
de son mérite, de la sainte volonté divine.

« Aujourd'hui, dans le monde, chacun se fait
des souhaits plus ou moins sincères. Les uns
souhaitent à leurs parents, à leurs amis, la réus-
site dans les affaires, la fortune ; d'autres, ne

songeant qu'aux jouissances, souhaitent le plaisir; d'autres, la gloire; d'autres, une longue vie. Pour moi, qui vous aime, je vous souhaite ce que demandait Salomon : la sagesse, oui, la sagesse, puisqu'elle est la source de tous les biens, et de celui du ciel en plus.

« Je souhaite la sagesse à l'enfance, à la jeunesse, qui saura fuir les compagnies, les lectures dangereuses, et se tenir vigilante à tous ses devoirs religieux; la sagesse aux parents, qui, comprenant la gravité de leur situation, prieront, veilleront, corrigeront, donneront l'exemple du bien aux enfants; la sagesse, à la maison : qu'on se suffise, qu'on s'aime, qu'on se supporte.

« La sagesse au pauvre, qui lui fera supporter sa situation avec humilité et patience, en regardant la croix. La sagessse au riche, qui sera le mandataire de Dieu, pour administrer les biens de la Providence et traiter le pauvre... Sagesse à l'ouvrier. Sagesse au patron.

« La sagesse au malade, qui profitera de son épreuve pour agrandir sa perfection et ses mérites; la sagesse au vieillard, qui s'élèvera vers les cieux sans s'attrister de son état.

« La sagesse à vous tous, pour tenir toujours
votre âme en état de grâce, par la prière, par la
fréquentation des sacrements, par l'obéissance à
la loi de Dieu et l'accomplissement de tous les
devoirs d'état.

« Cette sagesse dont je vous parle veut qu'en
ce jour je vous prie de me pardonner toutes les
peines que j'aurais pu involontairement faire
à qui que ce soit. Je remercie toutes les personnes qui, par leurs prières, leurs travaux, leurs
charités, m'ont aidé à faire du bien aux âmes et
à l'Église.

« Cette sagesse m'engage à vous prier de me
continuer, d'agrandir même tous les secours
généreux que vous m'avez prodigués jusqu'ici.

« N'oublions pas non plus nos chers défunts,
faisons-leur nos étrennes et nos souhaits. Qu'ils
soient bientôt libérés et aillent jouir de la douce
présence de Dieu, Sagesse éternelle. Offrons pour
eux la sainte messe, une communion, une bonne
œuvre ; et tâchons de suivre toujours les inspirations de la sagesse, qui nous conduira auprès
d'eux, dans le ciel. Amen. »

On remarquera, avec la simplicité, le naturel,
la clarté du style, l'art avec lequel tout a été

rattaché à une seule idée, la sagesse. C'est l'unité, qualité assez rare chez les orateurs, et même chez tous ceux qui parlent ou qui composent.

Voici maintenant quelques fleurs que nous avons butinées çà et là dans les manuscrits. Elles charmeront et ceux qui ne les connaissent pas, et ceux qui les ont remarquées jadis en assistant aux instructions de leur pasteur ; elles pénétreront notre livre d'un parfum de piété et d'édification.

« La religion est un rayon de lumière qui vient de Dieu et nous éclaire. C'est encore un fil qui lie notre cœur à Dieu, source du bonheur suprême.

« Lorsque Jacob reçut la tunique ensanglantée de son fils Joseph, il s'écria : Une bête féroce a dévoré mon fils. Quelle est cette bête féroce ? C'est le péché.

« La fille de Sion, c'est l'âme baptisée. Dieu l'appelle ; si elle vient, il la bénit, la purifie et la comble de faveurs. Si elle n'écoute pas, si elle laisse passer Dieu, à Pâques, par exemple, alors l'ennemi, Satan, la saisit, la rend esclave et la fait périr misérablement.

« On apporta à Jésus dans le temple un boiteux et un paralytique, et il les guérit. Ah ! faites ainsi. Apportez à l'église ces boiteux du respect humain et du péché, conduisez à l'église ces aveugles de leurs devoirs, et Jésus les guérira.

« Le cléricalisme, voilà l'ennemi, a dit un fameux tribun. Il a bien vu le contraire, lui qui est mort de la main d'une femme. Le péché, le péché seul, voilà l'ennemi.

« Les saints sont comme des colonnes élevées sur la route du temps à l'éternité. Dans les pays mauvais ou inconnus, on dresse des poteaux qui indiquent le chemin au voyageur. Tel est le rôle des saints. Alors qu'on n'étudie plus les vérités de la foi, alors qu'on n'écoute pas les prêtres, Dieu les envoie, saint François Régis, le vénérable curé d'Ars, pour éclairer les peuples en marche vers le Ciel. Ils sont aussi des phares lumineux établis sur les bords de la mer afin de guider et de conduire les matelots au port. Ils sont de grands arbres sous lesquels les petits peuvent s'abriter contre la pluie et l'orage. Ils sont enfin les guides des caravanes humaines qui voyagent à travers les déserts de la vie vers les plages de l'éternité.

« Dans le monde, il y a une multitude d'affaires : Dieu les a distribuées à chacun : la justice à celui-ci, la science à celui-là, l'industrie à cet autre, etc.

Toutes ces affaires ne sont que secondaires, et dans chacune on doit tendre à la sainteté. Nous ne sommes pas nés pour être négociants, riches, heureux, mais pour être saints.

« Quand nous voyons des enfants s'amuser, nous sommes surpris de les voir si sérieusement occupés, acharnés à des riens ; nous disons : ce sont des enfants. A ce compte, combien de chrétiens sont des enfants, qui placent au dernier rang, pendant toute leur vie, même dans la vieillesse, la seule question capitale, la sainteté, et poursuivent de toutes leurs forces les vanités d'ici-bas.

« Fénelon raconte qu'une personne, possédée par une idée fixe, s'introduisit dans un salon, sans remarquer la richesse et la beauté des meubles et des appartements. Ainsi, possédés par leurs idées fixes de plaisir, de travail, etc., les hommes ne remarquent Dieu, ni en eux-mêmes, ni autour d'eux, dans la magnificence de la terre, du ciel, etc. Il y a là des créatures, cela suppose un créateur ; il y a là des lois, les lois nécessitent un législateur qui les connaisse et qui les impose.

« Après avoir aperçu l'échelle mystérieuse, Jacob s'écria, plein d'effroi, en se réveillant :

« Que ce lieu est terrible! C'est vraiment la maison de Dieu. » Puis il marqua l'emplacement
avec une pierre. L'homme se réveillant dans sa
raison voit autour de lui toutes les merveilles de
la création terrestre, il comprend que là est le
temple du Seigneur; et impressionné par la grandeur de cet Être infini, il s'écrie : « C'est ici la
maison de Dieu. » Et à ce Dieu, il construit
une maison en pierres; cette maison est celle de
Dieu, et aussi la nôtre, puisque Dieu est le père
de l'homme. Dieu habite cette maison, l'homme
vient l'y voir, pour recevoir là des grâces et des
consolations.

« Si l'on étudiait sans arrière-pensée les bienfaits de l'Incarnation dans le monde, dans les
nations, dans les familles, on serait transporté
d'amour de Dieu et d'enthousiasme affectueux
pour Notre-Seigneur. Les peuples anciens ou
modernes qui n'ont pas le bienfait de ce mystère
sont dans la barbarie. Voyez la preuve de cette
vérité dans notre France. Sous les révolutions,
elle rejette Jésus-Christ : elle se plonge dans le
sang de ses enfants. Elle reprend Jésus-Christ :
elle retrouve la splendeur. Aujourd'hui, elle se
débat. Ses ennemis la pressent de chasser Dieu

de l'intelligence et du cœur des enfants, des
hommes mûrs, des vieillards. Plus de prêtres,
disent-ils, ni à la naissance, ni à l'éducation, ni
à l'établissement, ni à la maladie, ni à la mort.
Plus de Christ, ni à l'école, ni au prétoire, ni à
l'hôpital! Et alors, quoi donc? l'aveuglement et
la barbarie. L'autre France, ses vrais enfants, ses
vrais amis, comprenant le malheur de la nation,
se dévouent jusqu'à l'héroïsme pour glorifier
Jésus-Christ, et pour le faire présider partout. Ils
s'imposent les plus grands sacrifices, pour que
Jésus-Christ soit connu et vive dans les âmes des
enfants, des malades et de tous. Lorsque parut le
Protestantisme, saint Ignace réunit ses religieux
et leur dit : « Le Christ périt, sauvons le Christ. »
Disons de même. Le Christ périt dans les écoles,
dans les hôpitaux, à l'armée ; sauvons le Christ.

« Rien de si grand que le travail ; c'est l'acte
productif de l'homme ; et, par là, nous deve-
nons semblables à Dieu, qui opère toujours. Il
est en même temps un principe de vertu pour
le particulier, et une source de prospérité pour
la famille et la société.

« Pour suivre Jésus-Christ au Ciel, il faut se
détacher de la terre ; car l'orgueil ne monte pas,

il s'arrête à nous-même ; l'avarice ne monte pas, mais rive l'âme aux biens d'ici-bas ; la luxure ne monte pas, mais elle ruine et dégrade ; le péché ne monte pas, il nous plonge dans l'abîme de l'enfer.

« Trop souvent les parents ne prennent de l'enfant qu'un soin matériel, ils ne développent pas en lui les facultés morales. Alors l'égoïsme grandit dans son âme avec tous les vices. Ainsi, au lieu d'être utile aux siens, il se révolte, il devient la ruine et la honte de la famille.

« L'épreuve est un indice qu'on a mérité la confiance de Dieu. Le général n'envoie à un poste périlleux que le soldat en qui il a confiance ; le patron ne remet un travail difficile qu'à l'ouvrier qui en est capable ! Pourquoi nous récrions-nous devant l'épreuve et en perdons-nous tout le mérite, pour couvrir de honte Dieu devant le démon !

« Un jour le bon Dieu, entouré de ses Anges et des Enfants du Ciel, aperçut Satan au milieu d'eux et lui dit : « D'où viens-tu ? — Je viens de « parcourir la terre et de m'y promener comme « si j'en étais le maitre. » Alors Dieu pour abaisser cet orgueil diabolique lui répondit : « As-tu

« vu mon serviteur Job? » Ne semble-t-il pas qu'au temps de saint Roch la même scène eut lieu dans le ciel. « As-tu vu mon serviteur Roch? « Comme il est vertueux, simple, charitable, etc. »

« Aujourd'hui encore, dans plusieurs familles, il y a à table une place vide qu'on appelle la place du bon Dieu ; on met de côté, à cette place, les meilleurs morceaux, et on les donne aux pauvres. Ayez aussi dans vos greniers le coin du bon Dieu ; mettez-y le meilleur de votre blé, et tout ce que vos moyens vous permettent. Dieu vous le rendra dès cette vie par une santé florissante, par des récoltes meilleures. Il vous le rendra dans le Ciel par un bonheur sans fin.

« Ici-bas, tout ce qui produit a besoin d'aliments. Le champ se nourrit d'engrais ; la plante se nourrit du suc de la terre ; le poisson vit de l'eau ; l'animal, de l'herbe ou de la chair des animaux. L'homme, roi de la création, nourrit son corps avec la plante et avec la chair des animaux ; il nourrit son esprit de la vérité, mais la vérité, c'est Dieu. Il nourrit son cœur d'amour, mais l'amour véritable, c'est Dieu. Il nourrit son âme de la vie surnaturelle, mais cette vie, c'est Dieu : *ego sum vita*. Où est cette vie? Où la trouvera-t-elle? Dans la sainte Eucharistie. Il faut donc communier, et souvent, et au moins une fois à Pâques.

« Un général anglais, qui avait vu à Sébastopol la conduite admirable des sœurs de Saint-Vincent-de-Paul, vint demander leur règlement à la supérieure, afin d'établir un ordre semblable dans son pays. Quand il l'eut entre les mains, il remercia en ajoutant : « Cela suffit. — Non, « mon général, dit la supérieure, cela ne suffit « pas. Pour suivre ce règlement, il faut la sainte « Eucharistie, que vous n'avez plus. »

« Un missionnaire avait converti toute une peuplade. Il s'en attribuait la gloire. Dieu lui révéla que les fruits de bénédictions avaient été obtenus par une religieuse dont il avait appliqué les mérites à cette population. »

Terminons par ces quelques pensées sur le prêtre. Elles achèveront de faire connaître notre ami :

« Qu'est-ce que le prêtre? C'est un homme pris par Dieu, au milieu des petits, dans le peuple, et élevé au rang des princes du peuple; *ut collocet eum cum principibus populi sui.* C'est Dieu qui l'appelle : *filius meus es tu.* « J'ai entendu les cris de

« mon peuple, va le sauver, va lui montrer la voie
« du bonheur, le chemin de la vertu. » Alors il
façonne le jeune enfant, il l'incline à la piété, à la
solitude, à la charité. Il le prépare ; puis, au temps
marqué, il le sépare des siens : « *Audi, inclina
aurem tuam et obliviscere populum tuum et domum
patris tui :* écoute-moi, oublie ton peuple et la
maison de ton père. » Quand l'enfant est venu,
Dieu le forme mieux encore, puis il lui confère
ses propres pouvoirs et il l'envoie : *sicut misit me
Pater*, en lui donnant cet ordre : Va dissiper les
ténèbres de tes frères ; va les aider à détruire
leurs défauts et à pratiquer toute vertu ; va leur
enseigner la parole divine et les réconcilier avec
mon Père ; va les nourrir de moi-même. Si le
prêtre répond : Je ne sais point parler, *nescio lo-
qui*. — Va quand même, je serai avec toi : *vade,
ego ero tecum*. Tu présideras, tu béniras même les
princes du monde, tu prieras, et tu m'offriras moi-
même en sacrifice à mon Père pour le bien de tes
frères. Tu les conduiras tous, grands et petits, pri-
mats et sujets, tu leur montreras la voie qui mène
au bonheur, et tu les accompagneras jusqu'au
séjour du ciel. Je te revêts de ma puissance, je
m'unis à toi pour gérer mes merveilles.

« Faut-il respecter le prêtre? Dieu a dit : *nolite tangere Christos meos*. Celui qui avait tué Saül fut tué à son tour, parce que Saül avait été oint par le Seigneur. Le prêtre représente Dieu. Mépriser le prêtre, c'est mépriser Dieu. Que penseriez-vous de l'ouvrier qui mépriserait l'employé du maître? Celui-ci arrive : « Vois-tu, le maître veut que tu « fasses ceci, que tu laisses cela. » Et l'ouvrier de répondre : « Je me moque de toi; tu n'es pas plus « que moi; je veux servir le patron à ma guise; tu « n'as rien à voir dans ce que je fais. » Que dira, que fera le maître? Que dira, que fera Dieu?...

« Si un citoyen arrivait dans la terre d'exil, portant à chaque exilé des nouvelles de la patrie et de la famille, tous ne s'empresseraient-ils pas autour de lui, pour l'entendre, avec la plus grande avidité? Je viens vous parler de notre patrie céleste et de vos familles qui vous y ont précédés. » (Extrait de son discours d'entrée à Saint-Joseph.)

« Pourquoi le Prêtre est-il détesté? Ceux qui ont pour père Satan ne veulent pas des ouvriers ou des employés de Dieu. Le prêtre leur dit : Qui est Dieu? *Quis ut Deus?* Est-ce l'or, la volupté, la gloire? Non. Et ils ne veulent qu'avarice, vanité, insubordination. Et ils s'écrient : *Dic nobis placentia et audiemus;* dis-nous des choses qui nous plaisent, et nous t'écouterons...

« Le prêtre ajoute : « Dieu est grand, il « faut le servir. — Nous ne voulons servir per- « sonne. — Dieu est saint, il faut vous sanc- « tifier, vous approcher des sacrements. — Nous « ne voulons pas. — Il est vérité, il faut l'étu- « dier. » Fils du menteur Satan, assis dans les ténèbres, ils ne peuvent voir ni vérité ni lumière et ils s'écrient : *tolle, tolle* : enlevez-le, enlevez-le... Le prêtre dit encore : « Dieu est la bonté, « le bien, l'amour; il faut l'aimer. » Mais, hélas ! fils de l'enfer, la haine est leur partage, et ils ne peuvent entendre parler d'amour, de bien, de bonté !.. Que leur a fait le prêtre pour qu'ils le détestent encore? Ils disent : C'est un homme d'argent. Or ceux qui répètent cela sont loin de lui offrir même un centime. — C'est un homme de plaisir. Or par son état, il est obligé de vivre loin des jouissances mondaines et des joies de la famille. — C'est un ambitieux. Et de quoi? Il n'a ni les honneurs civils, ni les honneurs mili- taires. Si parfois il est appelé dans les grands conseils de la nation, ce n'est point pour lui, c'est pour soutenir le droit et la vérité, qui, hélas !

même dans ces conseils, sont souvent méconnus ou méprisés. Il porte son deuil; il pense à la mort constamment. A quoi peut-il s'attacher, sinon à la gloire de son Dieu et au salut de ses frères!

« Au moment où par la voix de son Pontife Dieu dit au prêtre : *Tu es sacerdos in æternum,* à cet instant, des flots d'amour pour les âmes se jettent dans son cœur; le prêtre se sent transformé en pontife et en victime; alors il dépense tout son être pour les hommes, ses biens, son temps, ses sueurs, ses sollicitudes, sa vie même : *omnia impendam et superimpendar ipse pro animabus vestris.* Si le prêtre étudie, c'est pour répandre dans vos âmes les consolations et les lumières divines; s'il prie, c'est pour le bien de vos âmes; s'il offre la Sainte Victime, s'il bénit, c'est pour fortifier vos âmes; s'il pardonne au saint tribunal, c'est pour réconcilier vos âmes avec Dieu. A peine entrez-vous dans la vie qu'il vous ouvre les portes du ciel et vous recommande à vos parents. Quand des hommes infernaux, au cœur barbare, viennent entraver en vous l'action de la vérité et de la vertu, oh ! alors le prêtre dans son amour est affolé, comme le berger qui voit dévaster son troupeau par des bêtes féroces Dans son impuissance, il pleure et se désole, comme les mères de Bethléem au massacre des Saints Innocents, comme Rachel qui voit égorger ses enfants. Ah! ah! mes Frères, je vous en conjure, par les entrailles de mon Sauveur et de mon Dieu, ne permettez pas qu'aucun enfant ignore son Dieu, sa destinée, les moyens de l'accomplir. Si leurs maîtres sont obligés de ne pas le leur apprendre, aimez ces enfants, recueillez-les, apprenez-leur la religion, votre religion où se trouvent la grandeur, la vertu, le bonheur; et vous aurez fait le bien, soulagé et consolé le prêtre, qui ne vit que pour le bien de vos âmes. »

DIRECTION

Le confessionnal, pour le prêtre, est le sanctuaire
où il s'immole et se sacrifie. Je connais peu de
situations aussi gênantes. Aussi les gens qui
disent : « Ce sont les curés qui ont inventé la
Confession », n'ont évidemment jamais passé des
jours ou des nuits entre quatre planches, à écouter
gratuitement des pécheurs dont la vie est écœu-
rante, des scrupuleux dont les récits sont inter-
minables, des affligés dont les douleurs attirent

des larmes, sans parler d'autres désagréments qui sont pires. Nous, curés, inventeurs du confessionnal! nous l'aurions aboli depuis longtemps, si le sacrement de Pénitence avec tout ce qu'il comporte, c'est-à-dire avec la Confession en premier lieu, n'était pas d'institution divine. Notre-Seigneur nous a dit : « Vous remettrez ou vous retiendrez les péchés. » Pour les remettre ou les retenir, pour savoir si nous devons les pardonner, il faut les connaître. Pour les connaître, il faut qu'on nous les dise. Nous ne lisons pas, comme Jésus, dans le secret des cœurs. Il faut donc les aveux, la confession. Voilà pourquoi le ministre protestant, qui ne confesse pas, ne retient ni ne remet aucune faute. Lui qui s'inspire de la Bible a biffé un des préceptes les plus clairs de la Bible. Aussi, lorsqu'un Allemand eut imaginé que la Confession n'était pas utile, les Allemands qui eurent du bon sens, ceux qui eurent le cœur pur et les mains propres, c'est-à-dire nettes des biens volés aux couvents et aux particuliers, refusèrent de croire l'imposteur. Nos bons aïeux firent de même. Ils continuèrent à se confesser, pour la peine de leur curé, et pour leur propre salut.

Les âmes sont à la fois le tourment et le

bonheur du prêtre : s'il en est d'avilies et de dé-
gradées, il en est de si délicates et de si belles.
Voilà pourquoi le confessionnal, qui est pénible,
n'est pas sans consolation. Il est de plus salutaire
et bienfaisant, comme tout ce qui touche au sacrifice.

M. Claudinon en était intimement persuadé.
Il aimait à répéter : « Au tribunal de la Pénitence,
beaucoup plus qu'en chaire, on fait du bien aux
âmes. »

Il en donnait une seconde raison très connue :
« En chaire, on parle à tous. L'action est universelle et générale. Au confessionnal, elle est immé-
diate, directe et personnelle. »

Il ne se contentait pas de le penser et de le
dire ; il a été un confesseur, dans la belle acception du mot : c'est-à-dire qu'il a non seulement
pardonné, mais éclairé et dirigé.

Dès les premiers jours de sa nomination à
Saint-Étienne, non seulement la paroisse de
Saint-Roch, mais la ville tout entière comprit
le trésor qui lui était donné. Les fidèles accou-
rent à son confessionnal. C'est désormais sa
demeure. Quand on le demande, son curé,
M. Rufin, n'a qu'une réponse : « Il doit être

dans sa cabine. » L'église dut, à cause de lui, rester ouverte plus longtemps. C'est le fait constaté par le père Gallot, sacristain. On l'interrogeait : « A quelle heure fermez-vous l'église maintenant ? — On ne le sait jamais, avec ce nouveau vicaire ; il a toujours du monde à confesser, et il ne sort pas tant qu'il a du monde. » C'était vrai; M. Claudinon prenait patience jusqu'à la fin, et quand il s'en allait, le presbytère était souvent fermé, le souper servi et desservi. Il lui arrivait quelquefois d'être obligé de se coucher sans boire ni manger, comme les enfants qui n'ont pas été sages.

On le savait si bien à la disposition des pénitents qu'une femme de Marlhes, venue à Saint-Roch et ne le trouvant pas (il était au Chambon comme parrain d'une petite nièce), alla le chercher dans la famille, sans penser à l'indiscrétion qu'elle commettait.

Avant d'entrer au saint tribunal et après en être sorti, pour peu qu'une chaise ne s'offrit pas à lui, il se mettait à genoux par terre, quel que fût le temps, malgré l'humidité du bitume, malgré l'eau qui mouillait sa soutane.

Son confessionnal était très éclairé d'un côté.

On choisissait le côté opposé. Il laissait les gens
libres, sans manifester aucun signe d'impatience.
Il accomplissait à la lettre, s'il ne les disait pas,
ces paroles de saint François de Sales : « Oh! non,
mes enfants ne me fatiguent pas. Laissez-les venir
vers leur père. Je les aime tant ! » A Marlhes, en
été, il les attendait dès quatre heures du matin
le dimanche, lors même qu'il devait chanter la
grand'messe à onze heures.

La température était froide, au temps où le
calorifère n'existait pas même en projet. Il con-
tracta alors des maux de dents affreux. Quand la
souffrance était intolérable, jusqu'à le rendre incapable de tout travail et de tout dévouement, entre
deux confessions ou deux visites de malades, il
s'adressait au dentiste. Comme la pince d'acier
est le plus prompt et le plus sûr remède, il y
recourait, afin de ne rien retrancher à son
incroyable activité, sans s'inquiéter des suites de
l'opération : les dents et l'estomac ont des rela-
tions intimes.

Au confessionnal comme ailleurs, droit et résolu,
il accordait l'absolution à propos, sans scrupule
exagéré, sans rigorisme outré et intolérant. Il ne
se reconnaissait pas le droit de détenir dans ses

mains des sacrements improductifs. « Que pen-
serait-on, disait-il, d'un médecin qui, craignant
de mal appliquer ses remèdes, refuserait de guérir les malades ; d'un négociant qui, se défiant
des fausses mesures, ne vendrait pas ses marchan-
dises ? Qu'ils sont fous. Il faut s'éclairer, mais
il faut agir. »

Aussi cherchait-il, dans l'intérêt de Dieu et des
âmes, à répandre le plus possible les bienfaits de
son ministère. Il s'y dépensait jusqu'à l'épuisement.
Il ne restait jamais beaucoup plus d'une heure
sans paraître à l'église, surtout au temps de son
vicariat, alors qu'il n'était point chargé de l'ad-
ministration temporelle. Souvent, à son entrée, il
voyait dans un coin sombre, près d'un pilier, une
pauvre âme timide et incertaine. Il comprenait
aussitôt la situation, car la vertu, l'expérience et
la nature lui avaient donné l'art de saisir et même
de deviner avec beaucoup de justesse. Il s'avan-
çait alors doucement vers cette personne. « Voulez-vous vous confesser ? » lui disait-il avec une
bonté toute paternelle. Puis il se dirigeait vers
son confessionnal. Presque toujours on le suivait,
presque toujours on se convertissait après avoir
reçu l'absolution, écouté les conseils, accepté une

direction nouvelle et sûre. Que de brebis sont ainsi rentrées au bercail après de longues années d'absence ! Dieu seul a connu et enregistré les conversions obtenues par ce bon prêtre, grâce à sa présence presque constante à l'église et près du saint tribunal.

Il était là tout dévouement, charité, abnégation. Petits et grands, riches et pauvres étaient reçus de lui avec la même bonté.

Il était affectueux pour attirer les âmes, sans jamais être familier. L'esprit de Dieu reposait en lui. Il ne laissait aucune personne dans le trouble et l'incertitude, mais tranchait en maître consommé les difficultés qui lui étaient soumises, et prenait les décisions sous sa responsabilité. « Votre conscience, disait-il aux âmes inquiètes, c'est mon affaire, j'en suis responsable, tenez-vous tranquille, je porte tout. » Il ne demandait que la bonne volonté, et à ce prix il donnait la paix.

Il ne veillait pas seulement aux besoins spirituels ; il disait avec raison : « C'est impossible de bien cultiver une plante sans s'occuper du terrain où elle pousse. » Aussi avec quelle bonté il s'intéressait aux grandes et aux petites choses,

même temporelles, aux soins raisonnables de la
santé, aux soucis de la famille, aux peines, aux
épreuves de toutes sortes! Il demandait à chacun:
« Avez-vous des ennuis? Il faut toujours venir
me les dire, je les partagerai avec vous. » Ne
croiriez-vous pas entendre la voix du divin
maître: « Venez à moi, vous tous qui êtes acca-
blés, et je vous soulagerai. » Comme chacun de
nous possède un lot de misères assez considérable
et ne demande pas mieux que de s'en décharger,
le bon Père était très occupé. Mais, grâce à l'énergie et à la délicatesse de sa charité, il ne prenait
pas ces misères d'une manière banale, il ne disait
pas: « Nous verrons, oui, enfin, prenez patience. »
Il comprenait les situations, il compatissait aux
souffrances et ainsi les adoucissait, sans que sa
pitié eût rien d'amollissant. Il savait rencontrer
le mot heureux qui à la fois console et relève.
« Je suis avec vous, répétait-il aux personnes les
plus abandonnées, vous n'êtes pas seule, je pré-
lève ma part de toutes vos douleurs. » Alors sa
voix était si compatissante que l'on s'en retour-
nait soulagé. Il pouvait vraiment s'écrier avec
l'apôtre saint Paul, et il s'écriait parfois: « Qui
de vous a souffert sans que je pleure avec lui? »

Aussi quelle ne fut pas la douleur des pauvres âmes délaissées, le jour où Dieu leur retira ce guide et cet appui !

A-t-il eu quelquefois des inspirations surnaturelles ? C'est le secret de Dieu. Il aurait dit à des personnes qu'il n'avait jamais vues et dont il n'avait reçu aucun aveu : « Vous avez bien souffert dans telle circonstance, vous avez mal agi dans telle autre. »

Une religieuse raconte que, sous le poids de très grandes peines, elle se recommanda aux prières du bon prêtre. « Tenez, ma sœur, lui dit-il, voici une petite image qui vous consolera. » C'était la vue de cette même image qui avait jadis décidé la vocation de cette religieuse, et elle n'avait jamais parlé de ce fait à d'autres qu'à ses supérieurs.

Une jeune fille très pieuse s'était laissé entraîner au vice. Une de ses amies en parla à M. Claudinon. « Hélas ! répondit-il, il n'y a qu'une grande maladie qui puisse ramener à Dieu cette pauvre enfant. » Quinze jours après la malheureuse jeune fille était à toute extrémité. Elle réclama elle-même le saint prêtre, qui se rendit à ses vœux. Elle fit la mort la plus édifiante, demanda pardon à ses compagnes des mauvais exemples qu'elle leur avait donnés, et leur recommanda de suivre toujours les conseils du bon M. Claudinon.

Un père et une mère, qu'il confessait l'un et l'autre, étaient menacés de perdre leur unique enfant, malade de la poitrine. Ces pauvres parents voulaient briser leur situation, sacrifier leurs économies et s'en aller dans un climat plus doux. Il les rassura, les calma et leur dit : « Restez ici, mes amis, je mets cette petite sous la protection du bon Dieu, je vous promets qu'elle se fortifiera et qu'elle vivra. » Confiants en la parole du saint prêtre, ils s'en rapportèrent à lui et ne partirent point. L'enfant est aujourd'hui une jeune fille pleine de santé.

Sans nous prononcer sur la nature de ces faits, reconnaissons que notre ami possédait les lumières les plus vives et des grâces qui ne sont pas communes.

La sainteté d'un prêtre se révèle surtout dans la direction qu'il donne aux âmes pieuses. M. Claudinon, qui travailla sans cesse à se perfectionner dans la pratique de toutes les vertus, a rempli cette mission délicate avec le plus rare talent.

Il avait une vive horreur du péché, du plus petit péché volontaire. Il trouvait qu'une vie de souffrance et de sacrifice ne serait pas trop longue pour en expier un seul.

Il appréciait les ardeurs généreuses et savait en tirer parti en les tempérant; mais il voulait avant tout qu'on sanctifiât les actes ordinaires de la vie par l'amour du devoir, par l'idée supérieure de la gloire de Dieu et du salut des âmes.

Il proscrivait sans pitié les lâches retours sur soi-même, l'hésitation devant l'effort ou le sacrifice, les compromis avec la conscience. L'âme s'égarait-elle, si peu que ce soit, dans un sentier tortueux, il la traitait avec une fermeté éclairée et une énergie sévère.

« Pour aller au Ciel, disait-il, les nonchalantes velléités ne suffisent pas, il faut une action généreuse et soutenue. » Or, le Ciel, avec la possession de Dieu et la gloire éternelle, était son suprême encouragement.

« Le temps passe si vite, c'est vraiment le train éclair; si longue que soit notre vie, nous serons *tant vite* là-haut, et nous jouirons de nos travaux et de nos peines.

« Regardons la patrie céleste, et notre pauvre terre ne comportera plus que des sacrifices passagers et des joies mensongères.

« Le Ciel, c'est le pays de nos âmes. Comme les Savoyards à la vue de leur pays, pressons le pas vers le nôtre, en marchant courageusement dans le chemin de la perfection. »

Cela fait penser à la douce ballade :

« Mon frère,
Mon frère,
Vois-tu là-bas, là-bas, là-bas?
Sur la montagne
C'est le bonheur !
Vois-tu là-bas, sur la montagne ?
La montagne !
C'est le bonheur !
C'est le bonheur ! »

Il savait prévenir les découragements et établir le cœur dans une douce tranquillité.

« Soyons patients avec nous-même, disait-il, notre frêle nature ne peut être attentive à tout et mener tout de front également vite. Pas d'agitation, pas de trouble, pas de tristesse. Ne fatiguons pas notre âme, tenons-la doucement, sans contrainte, sans effort, sans tristesse, sous le regard du bon Jésus, et servons-le activement et gaiement. Que dirions-nous d'un serviteur qui travaillerait pour son maître, les larmes aux yeux? Qu'il n'a pas de dévouement. Ne méritons pas ce reproche au service du Seigneur. »

M. Claudinon ne se contente pas de guider les âmes au confessionnal, il les aide au loin par des lettres fort sages et très édifiantes. Il pense non seulement au présent, mais à l'avenir, afin d'étendre sa direction à la vie entière. Pour cela il établit solidement les principes, élargit les enseignements, généralise les conseils, affermit les résolutions. Les âmes qu'il a conduites pourront manquer de consolation, car il n'est plus là ; elles ne manqueront ni de lumière ni de force.

Il recommande instamment l'union à Dieu, qu'il pratiquait si bien lui-même.

« Attachons-nous au bon Dieu par la conversation intérieure, la prière, les sacrements. L'âme qui abandonne la prière est comme l'oiseau qui s'est élevé dans les airs et qui cesse de battre des ailes; elle retombe lourdement sur le sol, c'est-à-dire dans l'abîme de toute misère et de toute douleur. La prière, la fréquente communion, la douce présence de Dieu sont trois leviers qui portent les âmes bien haut.

« Ayons un oratoire dans notre cœur et vivons-y sans cesse avec le bon Jésus, la douce Vierge Marie, l'Ange gardien, le saint Patron, les Saints préférés.

« Abandonnons-nous à la volonté de Dieu pour le spirituel et le temporel. Jamais une âme qui veut l'aimer n'est plus parfaite que lorsqu'elle est tout entière dans cette Volonté sainte. »

Nous avons remarqué plus haut une petite invocation à la sainte Vierge. Comme tous les saints prêtres, il l'aimait d'un amour ardent; il recourait à elle dans ses incertitudes, ses peines, ses tristesses, et malgré les plus grandes fatigues n'omettait point la récitation de son chapelet.

Il se faisait aider dans son œuvre de prêtre, en vertu du beau principe de la transmission des mérites. Il répétait sans cesse aux personnes pieuses avec le feu du zèle le plus ardent : « Aidez-moi à faire du bien ! Cherchons des âmes, des âmes ! Le bon Dieu les aime tant ! il les a payées si cher ! Donnez-moi le mérite de

vos actions pour les pécheurs, afin que mon
ministère porte de grands fruits de bénédiction.
C'est pour le bon Dieu, il vous récompensera
même dès ce monde. »

Les mérites, il aimait qu'on recherchât toutes
les occasions d'en acquérir :

« Immolons-nous sans cesse à l'amour de Dieu
et de nos frères. Le sacrifice de soi touche tant le
cœur du bon Maître et donne une si grande puissance pour le bien !

« Soyons très charitables, très compatissants,
dépensons-nous pour les autres, obligeons tout
le monde. S'il arrive que nous récoltions de l'in-
gratitude, continuons quand même : faire le bien,
c'est ressembler au bon Dieu.

« Au moins acceptons patiemment les peines,
les épreuves que Dieu nous envoie. La douleur
nous enlace de mille manières, à chaque instant ;
souffrons avec résignation, en vue de glorifier le
Seigneur et d'obtenir des grâces pour toute la
famille chrétienne : grâces de persévérance aux
justes, grâces de conversion aux pécheurs. Souffrir est si doux, quand on sait gagner par là des
âmes au Seigneur ! Que notre mot d'ordre soit :
Dieu, les âmes, et moi en sacrifice.

« Puis, tenons-nous bien petits, bien cachés sous le regard du bon Maître. Ne parlons jamais de nos bonnes œuvres, le démon tire de là mille flèches d'orgueil, de vaine gloire, qui paralysent nos élansgénéreux. Suivons le conseil de l'apôtre, faisons à chaque instant tout le bien que nous pouvons, le mieux possible, sans nous inquiéter de celui que nous avons accompli le moment d'avant, ni de celui que nous accomplirons le moment d'après. »

Son zèle ne connaissait pas de bornes. Il voulait atteindre tous ceux qu'il ne connaissait pas par la bienfaisante influence des chrétiens qu'il nourrissait de la doctrine céleste. « Il faut, répétait-il sans cesse, que tous, enfants, jeunes gens, jeunes filles, pères et mères de famille, ouvriers, patrons, vous soyez des apôtres à votre manière. Il faut que vous soyez des porte-lumière, et que vous allumiez la flamme sacrée dans le cœur de quiconque vous approche. »

Ces enthousiastes sollicitations étaient plus pressantes encore quand il les adressait à des prêtres ou à des religieuses, à ces âmes qu'il avait préparées lui-même avec un si rare talent, nous le verrons, au sacerdoce ou à la vie du cloître, et qui sont appelées par vocation à former d'autres âmes. Sa charité déborde dans les conseils qu'il leur donne.

« Oh ! je vous en prie ! comme saint Jean-Baptiste, soyez le précurseur du bon maître, gagnez tous les cœurs et donnez-les tous à Jésus-Christ.

« Former une âme pour laquelle le bon Dieu a fait le ciel et la terre, condamné son Fils à la mort, envoyé son Saint-Esprit, établi son Église, oh ! quelle sublime mission ! Remplissons-la toujours avec zèle, sans nous décourager jamais. Soyons bien patients dans ce saint ministère. Comme l'aigle qui apprend à voltiger à ses petits aiglons, mettons-nous à la portée de l'âme qui essaie ses premiers pas dans le sentier de la vertu, et faisons-la avancer doucement, progressivement.

« Ne soyons pas trop hâtifs à vouloir récolter la semence. Il faut lui donner le temps de germer, d'herboyer, de fleurir, de fructifier. Ne précipitons rien. Prions, édifions, conseillons, et laissons faire le bon Dieu. Il a son moment. Jésus-Christ n'a point vu sur la terre les fruits de ses travaux et de sa passion ; les douze pauvres bateliers ne

lui donnèrent point de satisfaction tant qu'il fut
là. Sachons donc attendre, en nous contentant de
suivre attentivement le bien que nous avons
ensemencé dans les âmes. Ne perdons jamais de
vue volontairement celles que nous avons dirigées. L'ouvrier ne cesse pas de s'intéresser à son
travail quand il ne l'a plus dans les mains ; le
cultivateur suit de la pensée et du cœur la
semence qu'il a confiée à la terre. Suivons ainsi
la semence céleste.

Entre autres témoignages de sa fidélité constante à suivre les âmes et à les protéger, nous
avons ce trait qu'il raconta un jour aux petites
filles de son catéchisme : « Je remarquai une fois
qu'une de vos anciennes compagnes me fuyait.
Quand elle m'entrevoyait, elle changeait de
chemin pour ne pas me rencontrer. Cela lui
arriva souvent. Je savais que cette pauvre enfant
souffrait, et je priais Dieu de me l'amener. Voici
que dans une de mes sorties je l'aperçois sur ma
route. Toute stupéfaite, elle n'a que le temps
de changer de trottoir. Alors, à mon tour, je
traverse la rue pour lui parler : Mon enfant,
lui dis-je, vous fuyez votre prêtre qui vous aime
tant et qui veut vous consoler ! Vous souffrez

et vous ne venez pas me le dire. Vous n'aimez
plus le bon Dieu et vous êtes malheureuse. Ce
soir, vous viendrez à l'église, à telle heure, je
vous y attendrai. Elle me le promit et elle tint
sa promesse. Pauvre enfant! elle pleura beaucoup et comprit que le véritable bonheur se
trouve seulement dans l'accomplissement des
devoirs de chrétien. »

Il excellait dans ses conseils sur la vocation.
Aussi venait-on de toutes parts pour le consulter
à ce sujet. La décision est là, plus que partout,
fort épineuse. C'est non seulement le bonheur
éternel qui est en cause, mais encore le bonheur
présent. Rien ne rassure plus certaines âmes que
la conviction d'être là où la Providence les
veut ; rien ne les tourmente comme le sentiment
de n'être pas à leur place. Celles dont l'avenir
a été fixé par M. Claudinon n'ont eu ni arrière-
pensée, ni regret.

Pour les vocations ecclésiastiques ou religieuses, il procédait avec une excessive prudence.
Il mettait l'aspirant ou l'aspirante à l'épreuve,
lui montrait la grandeur des devoirs à accomplir, les sacrifices sans nombre qui se présente-
raient chaque jour, le parfait détachement auquel

on devait arriver, le dévouement sublime qui serait nécessaire. Il attendait, il priait, il formait le cœur à la pratique des vertus, et ne permettait le départ qu'après s'être assuré de la solidité et de la constance des résolutions. C'est ainsi que ce prêtre, qui semblait absorbé dans sa paroisse, préparait avec une haute sagesse la prospérité du clergé et des ordres religieux, nécessaires à l'évangélisation et au salut éternel des peuples.

Les obstacles ne le décourageaient pas. Nous ne pouvons tout citer à ce sujet. Rappelons qu'un jeune homme, après avoir quitté le séminaire, avait été appelé sous les drapeaux. Il avait cependant les qualités requises pour devenir un bon prêtre. M. Claudinon, par son influence, le conserva dans des sentiments pieux et, au retour, le plaça comme professeur dans une communauté. C'est maintenant un religieux qui sert encore la patrie en élevant les fils de la France.

Un empêchement sérieux survenait-il tout à coup dans la réalisation du pieux désir, le saint directeur gardait sa brebis, la préservait des écueils, la maintenait dans les pensées de sa vocation, en s'appliquant à lui faire accomplir au milieu du monde tout ce qu'elle aurait accompli dans le cloître. « Il n'est pas besoin d'habit religieux, disait-il, pour servir Jésus-Christ et les âmes. »

Les choisis de Dieu pour peupler son sanctuaire ou le servir dans les préoccupations du siècle par la pratique des conseils évangéliques ne furent point seuls l'objet de sa sollicitude. Il s'inquiétait de la formation des familles, qui peuplent la patrie et le ciel. Plus d'un ménage lui doit le bonheur chrétien. Nombre de jeunes filles dont il forma l'esprit, le caractère et le cœur sont aujourd'hui des épouses fidèles et dévouées, des mères vigilantes et fermes; elles savent, grâce à ses enseignements, supporter avec courage leur vie, souvent pénible, l'idéaliser et la sanctifier par la grande pensée de la formation des âmes.

Un idéal! Rien n'éclaire mieux notre route ici-bas, et ne nous fortifie aussi puissamment contre les difficultés et les dangers de l'existence, que la vue de cette petite étoile fixe, brillante et haut placée, dans le firmament de l'esprit! Or, de tous les idéals que notre imagination peut concevoir, aucun n'est plus beau que celui de l'amour des âmes : il résume les aspirations les plus nobles, les sentiments les plus généreux, il purifie et exalte toutes nos affections. Cet idéal, M. Claudinon l'a montré à tous ceux qu'il dirigea. Puisse la petite étoile ne jamais pâlir à l'horizon ! puisse le troupeau chéri avoir toujours pour devise : *Sursum Corda !*

AMOUR DES ENFANTS

CATÉCHISMES

Tout naturellement sa sollicitude s'étendit au jeune âge.

Les enfants sont l'espoir de l'Église, de la patrie et de la paroisse. Les enfants ont besoin d'être instruits, dirigés et aimés. Ils le furent par M. Claudinon.

Pendant son vicariat il eut toujours environ huit catéchismes par semaine, et les plus pénibles, ceux des écoles laïques. Il les prit parce que ses confrères les redoutaient, non sans raison. Deux fois, ses indomptables, comme il les appelait, entonnèrent la *Marseillaise* au lieu de l'*Esprit-Saint*. Il les domina cependant par son énergie et par sa bonté. Il ménagea avec délicatesse les instituteurs et les institutrices, car il comprenait les difficultés de leur rôle, en devinant leur bonne volonté et leur impuissance ; il avait leurs sympathies secrètes et bienveillantes ; il en tirait tous les services qui étaient compatibles avec leur situation. Il les intéressait, non moins que les enfants et les parents, par ses comparaisons familières, par ses traits empruntés à l'histoire, à la vie des Saints, aux légendes, Il racontait avec tant de bonhomie, et de spirituelle gaieté ! On était sous le charme. Par l'imagination, le catéchiste allait droit et pour toujours à l'esprit et au cœur. Le cœur, du reste, était gagné du même coup par l'intérêt affectueux qu'il portait à tous ses chers petits, comme il se plaisait à nommer ses jeunes élèves.

Le jeudi, il les réunissait pour leur apprendre à lire le latin et à chanter ces belles et antiques mélodies que le Christianisme a empruntées à la

musique judaïque, grecque et romaine, et qu'il
a sauvées d'une perte inévitable en les adaptant
aux paroles de la messe et des vêpres, à la poésie
des proses, des hymnes et des cantiques sacrés !
Son influence était heureuse. Maîtres et parents
se plaisaient à reconnaitre que, si leurs enfants
étaient relativement faciles à conduire, c'était à
M. Claudinon qu'ils en étaient redevables.

Dans son affection, il s'ingéniait à leur rendre
mille petits services. Après les catéchismes, il en
escortait et en protégeait quelques-uns à leur
retour dans la famille. Il aidait une petite fille à
transporter une balle de linge mouillé, trop
lourde pour ses faibles bras ; il prenait à un jeune
garçon les pains dont le poids l'accablait, et
cheminait ainsi tout le long de la rue Saint-
Roch.

Étaient-ils malades, il allait les visiter. Il leur
recommandait au catéchisme de l'appeler dans
cette occasion, le jour et même la nuit, pour eux
ou leurs petits frères. Si l'enfant était trop jeune,
incapable de comprendre et de parler, il le bénissait, afin que les grâces de Dieu aidassent les
remèdes des médecins, et il s'efforçait de consoler
la mère. S'il était plus grand, il lui parlait,

l'exhortait, le confessait et le préparait à devenir un ange.

Le bon père ne les abandonnait pas après la première Communion : il organisa des Catéchismes de persévérance, dans l'espoir que les fleurs du jeune âge auraient des fruits plus sûrs et meilleurs.

« Je suis si heureux au milieu de vous, » leur répétait-il souvent. Et les enfants lui rendaient son affection dans toute la mesure de leur jeune cœur. Ils s'adressaient à lui de préférence pour leurs confessions. Comme ils étaient trop nombreux autour du saint Tribunal, on essayait de les envoyer ailleurs. Ils répondaient à ceux qui voulaient les éloigner : « Ma mère y va bien, chez le père Claudinon ! » Que dire, sinon laisser le saint Prêtre accueillir, comme le Sauveur, ces enfants que les poètes appellent les fleurs de la terre.

Voici des preuves de leur attachement ; ce sont quelques notes touchantes écrites par des doigts mignons et dictées par une âme naïve :

« Notre vénérable pasteur a été la Providence des pauvres, la consolation des affligés, et moi-même, petite fille, je me suis vue entourée de ses bontés sans nombre. Ah! quand il venait à notre école, comme nous étions heureuses de sentir ce bon père au milieu de nous! Il nous encourageait, nous bénissait et nous laissait remplies de ses douces et saintes paroles.

« Que de bons conseils il nous a donnés! Mes enfants, faites toujours bien votre prière, faites-la avec exactitude et attention, en vous pénétrant bien des paroles que vous dites. La prière bien faite attire tant de grâces, si vous saviez! Quand vous aurez reçu le bon Dieu dans votre cœur, il faudra montrer que vous le possédez, en donnant le bon exemple. Vous essayerez d'établir chez vous l'usage de la prière en commun. Elle est si précieuse pour la famille. Vous le pouvez obtenir. Les enfants, quand ils sont sages et quand ils *veulent*, savent si bien faire auprès du papa et de la maman! J'en ai vu amener leur père à l'église, lui faire faire ses Pâques. Voyez ce que peuvent l'affection et la sagesse; vous tâcherez d'en faire autant! »

Une autre petite fille écrit : « Le moment le plus triste dans la mort de M. le Curé a été le retour du cimetière; il ne revenait pas avec nous, c'est alors que nous nous sommes senties orphe-

lines! Sa main ne s'élèvera donc plus pour nous
bénir! Si : de là-haut, il le fait encore, il nous
regarde, il nous protègera… »

Voici les derniers mots d'un petit cahier : « Je
regrette de ne pas posséder le talent de quelque
grand écrivain pour traduire plus éloquemment
les vertus de notre digne pasteur; mais comme
le disait souvent M. le Curé : « Le bon Dieu fera
« le reste ! »

Charmantes enfants! elles ont été une des dernières consolations de leur saint prètre! Dans ce
pénible hiver de 1891-1892, alors que l'excès de
travail et de souffrance l'accablait, il continuait
à se rendre au milieu d'elles. (Il faisait encore ses
catéchismes en février 1892.) Elles étaient sages
pour lui éviter de la peine, et elles priaient avec
une grande ferveur, toutes ensemble, pour que
le bon Dieu le guérît. Elles ont voulu, à sa mort,
faire célébrer un service particulier, payé avec
les *sous* des enfants.

Je suis sûr, chères petites, qu'il garde au ciel
le souvenir de toutes ces choses et je vous demande
de garder celui de ses enseignements et de ses
vertus. Vous savez, quand on voulait bien vous
punir, on racontait vos petites sottises à M. le

Curé. Il vous regardait d'un air peiné, puis vous disait amicalement : « Ne faites plus cela, vous me feriez pleurer, moi qui vous aime tant ! »

Rappelez-vous ces paroles et vous serez toujours de bonnes chrétiennes.

Vous conservez pieusement les couronnes de blanches fleurs qu'il déposa sur vos têtes en de solennelles circonstances. Qu'elles soient pour vous le symbole de la couronne immortelle qu'il vous prépare là-haut !

VISITES AUX MALADES

Le complément de la confession et de la prédication, c'est la visite aux malades. Quiconque néglige un tel soin peut être un orateur, un savant, un administrateur, il n'est pas un pasteur. Va-t-il en effet chercher les brebis égarées, infirmes, défaillantes, afin de les ramener au bercail ? Continue-t-il auprès des âmes souffrantes son rôle de médecin spirituel et sa mission d'apôtre? Gagne-t-il la confiance et l'amour des populations? Ne

perd-il pas l'occasion d'agir et d'exercer une bienfaisante influence sur ses ouailles, sur des infor-
tunés qui ne voient jamais le prêtre et qui ne le
connaissent souvent que par les calomnies.

Au Grand-Séminaire, M. Denavit, un de nos
directeurs les plus expérimentés, en expliquant
la parabole du bon Pasteur, disait de ces prêtres
négligents : « Ils ont cent brebis. Quatre-vingt-
dix-neuf sont perdues. Ils gardent celle qui reste.
Jésus n'en avait perdu qu'une seule, et il laissait les quatre-vingt-dix-neuf autres pour la retrouver. »

M. Claudinon, quand il n'était pas à l'église
à confesser, dans sa chambre à travailler, était
en visites de malades. Dès qu'il savait ses pénitents en danger, il accourait pour s'assurer de
leur état, et s'il le fallait, afin de les préparer
au grand voyage.

Il n'assistait pas seulement les personnes qu'il
confessait d'ordinaire. Sa réputation de charité
et de vertu s'étendait si loin que de tous côtés
on le demandait. Les uns ne voulaient que lui ;
d'autres ne voulaient personne. On prévenait
alors M. Claudinon, et il allait. Parfois, sans
être prévenu, il trouvait lui-même des oubliés,

auxquels nul ne pensait, et il les arrachait au
démon. Aux observations qu'on lui adresse :
« Vous ne vous ménagez pas, vous travaillez
trop », il répond avec son aménité persuasive :
« Je me reposerai au Ciel. »

Même à l'époque de sa maladie, lorsqu'il était
épuisé, à bout de forces, il allait encore. Parfois
sans doute il essayait de refuser, quand il s'agissait de personnes étrangères à la paroisse et
inconnues de lui : le pasteur se doit d'abord à
ses brebis. Mais on insistait; il était désolé de
résister, et il finissait par céder. « On ne veut
que vous. Nous vous emmènerons en voiture. »
Et il se laissait faire, c'est-à-dire tuer ou im-
moler pour sauver ces âmes, soit dans des mai-
sons particulières, soit dans des hospices.

Sa spirituelle bonhomie lui facilitait grande-
ment l'accès de ceux qui refusaient le prêtre. On
l'appelait au lit de mort des pécheurs les plus
obstinés. Ses heureuses réparties, son admirable
patience, son ardente charité, une sorte de génie
dans ces circonstances avaient le plussouvent
raison de leurs sataniques paroles, de leur opi-
niâtre endurcissement, de leur révoltante impiété;
il était rare, en effet, qu'il n'en vint pas à bout et

n'ouvrit pas le Ciel à ces pauvres malheureux,
tous ouvriers de la dernière heure !

Quand on avait épuisé toutes les ressources,
quand le malade refusait ou remettait à trop tard
les derniers sacrements, on appelait le père Claudinon. Ce ne fut jamais en vain. Le nommer aux
plus récalcitrants, c'était déjà le faire accepter et
les disposer aux aveux suprêmes. Sa réputation
était telle, dans cette œuvre si difficile, qu'on
disait : « Il ferait confesser le diable.»

Il s'ingéniait pour rendre ses malades plus heureux ou moins malheureux. Il demandait, il devinait ce qui pouvait leur être agréable. L'un d'eux
souhaitait un petit oiseau. M. Claudinon s'in-
quiéta de lui en procurer un. Il le quêta. On crut
que c'était pour lui, et on le céda. Il le porta à
son malade.

En pleine vogue, sur la place Villebœuf, un
saltimbanque était à ses derniers moments.
Comme aucun ecclésiastique n'osait le visiter
dans sa baraque, on pria l'infortuné de la quitter
et de se loger dans une maison voisine. Là, il
serait plus tranquille. Il refusa d'abandonner sa
demeure roulante ; le bruit ne l'importunait pas ;
il avait vécu au milieu de ces clameurs, de ces

musiques, de ce vacarme; il voulait mourir là.
On raconta la chose à l'abbé Claudinon. Il se
présenta, portant avec lui une couverture et
un poulet rôti. Ces présents touchèrent si bien ce
malheureux qu'il demanda lui-même les sacrements. M. Claudinon, qui n'attendait que cet
appel, le confesse et lui apporte le bon Dieu, ce
Dieu de la crèche qui ne dédaigne aucune âme et
aucune habitation.

Ce comédien étant mort, sa veuve désira
mettre une croix sur la tombe. Pour l'acheter,
il fallait quêter. On se récria contre cette dépense
inutile. « Allons, allons, dit l'abbé, donnons un
peu d'argent à cette femme afin de lui laisser
cette consolation », et il persuada tout le monde
par son exemple et par ses paroles.

Un vieillard ne voulait pas se confesser.
M. Claudinon lui fait demander quelles sont les
choses dont il aurait envie : « Des harengs frais »,
répondit-il. Il s'en procure et les lui envoie. Le
malade demande à voir et à remercier son bienfaiteur. Peu après, comme les autres, il était converti, et se plaisait à recevoir le bon prêtre devenu
son ami.

Il donnait à ces pauvres gens tous les soins qui

étaient en son pouvoir, avec un dévouement
héroïque. Un matin, il était monté chez un vieillard qu'il fallait lever. Il ne pouvait le faire à lui
tout seul. Alors il redescend, arrête dans la rue
le premier ouvrier qui passe : « Voulez-vous m'aider ; il y a là-haut un pauvre vieux qui aurait
grand besoin d'un service. — Volontiers », répond l'homme. Les voilà tous deux dans la man-
sarde, et ensemble ils soulèvent le malade. Puis
le prêtre quitte sa soutane, fait le lit, balaye la
maison, prépare des aliments et des boissons, de
la manière la plus simple et la plus naturelle.

Si, par charité, M. Claudinon quittait sa soutane et donnait aux malades des soins répugnants;
s'il semblait oublier ou négliger ce qu'on appelle
la dignité, qui n'est souvent qu'une exagération
de l'orgueil ou de la vanité, il se souvenait de sa
grandeur sacerdotale dans les occasions nécessaires. On le vit faire les cent pas devant une
maison. Il y avait là un mourant que sa visite
eût converti. On lui avait refusé une première et
une seconde fois l'autorisation de remplir son
devoir de prêtre. Il attendait avec patience, en
se promenant et en priant, que la permission
lui fût enfin accordée. Las d'apercevoir sa

silhouette silencieuse et suppliante errer dans la rue, on lui dit : « Nous vous recevrons si vous quittez votre soutane et si vous entrez en civil. » La conscience de son caractère sacré ne lui permit pas de quitter les insignes du sacerdoce. Comme un soldat il voulait entrer dans la place, mais avec le drapeau et les insignes du soldat. Le soir, il se retira le cœur brisé, mais l'âme calme ; il avait accompli son devoir, et laissait aux seuls coupables la responsabilité de leur intolérance.

Quelquefois il touchait le mourant en lui rappelant certains souvenirs d'enfance : « Mon ami, vous ne voulez pas vous confesser ! Est-ce votre mère qui vous a donné ce conseil quand vous étiez jeune ? Vous êtes allé à l'école. Vos maîtres vous ont-ils suggéré de faire ainsi ? » Un jour, un vieillard lui répondit en fondant tout à coup en larmes : « Oh ! non, monsieur, j'ai été à l'école chez une pauvre religieuse, chez une de ces sœurs qu'on appelle les béates dans la Haute-Loire. Elle nous disait toujours : Il faudra rester bien sages, mes enfants ; mais s'il arrivait que vous oubliiez le bon Dieu, au moins ne mourez pas sans appeler le prêtre. — Tenez, Monsieur l'abbé, confessez-moi. »

Il aimait à citer ce trait comme exemple de la portée des moindres paroles en éducation.

Il lui arriva aussi de faire de véritables trouvailles. La charité a des inspirations ingénieuses. D'ailleurs comme ce n'est pas la brebis égarée qui cherche le pasteur, c'est à celui-ci à la découvrir. En cheminant dans une rue, il aperçoit une maison qui a l'air abandonnée. Il sent que quelqu'un souffre là. Il entre et trouve sur un de ces grabats comme la misère les invente un pauvre diable qui n'en pouvait plus et qui allait mourir. C'était bien un pauvre diable, en vérité. Il n'avait rien que ses guenilles, et il blasphémait comme Satan. A peine a-t-il vu la soutane du curé, qu'il se ranime pour lui envoyer ses jurons les plus énergiques. Ils n'excitèrent aucune tempête dans le cœur compatissant de M. Claudinon. « Allons, mon ami, calmez-vous. Je viens pour vous soulager et pour vous consoler. Vous souffrez beaucoup. Que puis-je faire pour votre service ? » Le malade s'étonne d'une telle douceur, s'émeut, accepte les soins de cet ange qui venait bien à propos chasser le démon. L'infortuné reçoit les secours, les conseils, les exhortations. Il demande bientôt à se confesser ; il ne l'avait pas fait depuis sa première communion, et il avait quatre-vingts ans. Le lendemain on lui apporta le saint viatique. Le pauvre homme fut si heureux qu'il ne cessait de répéter : « Papa Claudinon, vous êtes un bon garçon. »

Parfois les conversions étaient fort difficiles, non à cause des malades, mais à cause des parents, voisins, amis, coréligionnaires, qui éloignaient le prêtre. Celui-ci avec habileté s'introduisait et se tirait d'affaire par tous les moyens que lui suggérait son esprit ou son zèle.

Un jour on l'appela près de la femme d'un franc-maçon, qui ne tolérait pas chez lui l'entrée d'une soutane. M. Claudinon se présente à un moment où le mari était loin. Tout à coup l'homme, averti par un voisin complaisant, se précipite dans la maison comme un furieux. Ouvrant la fenêtre et la montrant à l'abbé : « Tu vas passer par là. — Par là, allons donc ! je suis entré par la porte, je sortirai par la porte. — Tu sortiras. — Tiens, au lieu de tant crier, va chercher une bouteille. Tu dois avoir du bon vin. Nous trinquerons ensemble, et en trinquant on s'entendra. » Interloqué, notre homme va chercher une bouteille. On boit, on cause, on trinque. On se sépare

presque amis. Le lendemain, M. Claudinon
revient. « Tu as payé hier, je paye aujourd'hui.
Voyons si mon vin ne vaut pas le tien. » Il
montre un litre, pris je ne sais où. On compare
le vin de la veille avec celui du jour. On devise
encore sur mille sujets. L'entrain de l'abbé gagne
le franc-maçon surpris de rencontrer un curé
différent de ceux qu'il voit dans le mirage de ses
préjugés. Il permet à sa femme de se confesser.
Il devient même l'ami du saint prêtre.

Dans une autre circonstance, il employa un
procédé presque semblable. Le mari, très hostile
au clergé, était un habile ouvrier sur les armes
bourgeoises. M. Claudinon prend avec lui un
bon chrétien de la paroisse : « Venez avec moi ;
nous feindrons de venir admirer son travail
pour nous introduire, et Dieu fera le reste. » Ils
arrivent. La porte de la maison donnait sur un
balcon de bois, au bas duquel se trouvait l'escalier. L'homme, une bouteille à la main, s'apprêtait
à descendre à la cave. A la vue d'un prêtre, il
entre en fureur : « Que venez-vous faire ici ! Sor-
tez, ou je vous envoie rouler dans l'escalier ! —
Mon ami, nous venons voir votre travail et
goûter votre vin ; on dit que tous les deux sont

excellents. — Cela est vrai, dit l'homme, flatté et par cela même déjà calmé. » Il descend à la cave, M. Claudinon en profite pour parler à la femme qui était en mauvais état. Le mari remonte ; on cause, on choque le verre, on se félicite. Le prêtre amène la conversation sur la malade. Le mari n'est déjà plus hostile. Il permet qu'on revienne, il le demande même. M. Claudinon revient, on le reçoit comme un ami. Son ministère s'exerce alors avec tout le fruit désirable et toute la liberté nécessaire.

Une jeune enfant qui allait mourir réclamait de toute son âme le prêtre qui lui faisait le catéchisme ; mais le père et la mère de la pauvre petite le lui refusaient. Monsieur l'abbé apprit le danger de cette enfant et se hâta d'accourir. En ouvrant la porte, il aperçoit le père qui, en vrai lion, s'élance sur lui et le repousse brutalement. L'enfant criait : « Papa, laisse entrer M. Claudinon, je veux le voir ; » mais le malheureux père restait sourd et déjà la porte s'était refermée. Le cœur du prêtre était profondément ému par les cris de cet agneau plaintif. Aussi, interprétant à sa façon le mot évangélique : Le ciel souffre violence, il entra par force après une lutte acharnée. Il arriva enfin jusqu'à l'enfant, la confessa, et le soir même elle s'envolait vers ses petites sœurs du ciel.

Etes-vous tenté de condamner son zèle en cette circonstance? Demandez-vous qui respecta le mieux la liberté humaine : le prêtre qui se rendit aux prières de l'enfant, ou le père qui résista aux supplications de sa fille?

C'est ainsi que M. Claudinon conduisit un grand nombre de chrétiens au paradis. Il est écrit : Celui qui sauve une âme brillera dans le ciel, comme une étoile resplendissante. Alors quelle est la gloire de notre ami, maintenant qu'il est parvenu à la patrie véritable! Que de fleurs à sa couronne, fleurs déposées par les élus qui lui doivent d'avoir remporté la victoire ici-bas! Que d'autres fleurs viendront en rehausser l'éclat, quand les fidèles qu'il a laissés au milieu des combats auront mérité le bonheur éternel grâce à son intervention bienfaisante!

CHARITÉ. AFFABILITÉ

La charité vraiment sacerdotale ne se borne
pas à la conversion des pécheurs et au soulagement des infirmes ; elle atteint, pour les consoler
et les secourir, toutes les misères et tous les
besoins. M. Claudinon donnait sans compter :

Son argent,

Ses heures,

Ses services,

Ses vêtements.

Il n'était point fortuné; où puisait-il des ressources? Chez les personnes riches, qui le faisaient distributeur de leurs aumônes; chez les gens de moyenne condition, qui prélevaient sur leurs économies, afin de faciliter les œuvres de son ministère; chez les ouvriers, qui secouraient par lui leurs frères en détresse. Il ne dédaignait pas les dons des petites bourses. Elles sont nombreuses, et les gouttes d'eau finissent par former un fleuve. On n'osait rien lui refuser, tant il possédait la confiance et les sympathies de tous. Il sollicitait avec discrétion chez toutes les âmes de bonne volonté.

Pourquoi les riches étaient-ils si généreux envers M. Claudinon? Il savait, nous l'avons vu, admirablement préparer les mourants à finir en chrétiens. Après le vide des séparations cruelles, il soulageait la douleur de ceux qui restaient par des visites de bienveillance et des paroles de foi. Aussi les familles qui lui devaient une conversion, le bonheur céleste d'un père, d'un fils, d'un époux, s'attachaient-elles à cet humble prêtre avec une reconnaissance durable et un dévouement absolu. Celles qui étaient pauvres s'acquittaient avec des prières; celles qui étaient riches, avec de l'or.

Persuadées qu'il n'accepterait rien pour lui-même, elles lui offraient des aumônes abondantes et des honoraires généreux. Rien ne restait entre ses mains, il recevait avec gratitude de la main droite ce qu'il distribuait avec bonheur de la main gauche. Ses indigents, ses malades, son église, ses écoles, voilà les seuls objets de sa sollicitude. Ainsi, ami des riches et des pauvres, il les réunissait dans son cœur de père et les assistait les uns par les autres.

Apprenait-il que dans sa paroisse une famille venait d'être éprouvée par un revers de fortune ou un autre malheur, lors même que ces personnes ne fréquentaient pas l'église et lui étaient étrangères, il se présentait chez elles.

« J'ai appris que vous aviez des peines, disait-il, je viens les partager et vous être utile, si je le puis. » On était surpris, puis touché et enfin converti par tant de persistante bonté. Et le bon Dieu gagnait ces âmes.

Ses heures n'étaient pas à lui : les uns le priaient d'écrire leurs lettres ; d'autres de les recommander à la manufacture d'armes ou à des négociants ; des soldats lui demandaient d'intercéder auprès de leurs chefs pour réduire une punition. Il écrivait, il intervenait, il frappait à toutes les portes influentes, sans jamais plaindre ni son temps, ni sa peine.

C'était pour le bien.

M. Cœur, le vaillant directeur du pénitencier de Saint-Genest-Lerpt, possède encore, non parmi ses pensionnaires, mais parmi ses employés, nombre de personnes qui sont entrées chez lui sous les auspices de M. Claudinon.

Son trousseau était autant aux autres qu'à lui. L'objet dont il se défait le plus souvent en faveur du prochain, c'est la chaussure.

Un jour il visite la malle d'un séminariste, et n'y voit point de souliers. Il en glisse de suite une paire qu'il venait de recevoir.

Peu après ses funérailles, en tramway, sur la ligne de Saint-Étienne au Chambon, on causait de la perte que Saint-Roch et toute la ville venaient de faire. « Ah! dit un homme d'environ cinquante ans, c'est un curé qu'on ne remplacera pas. Je l'ai connu, tout le monde l'aimait et il se faisait aimer de tout le monde. Il donnait tout ce qu'il avait, saluait les grands et les petits, les pauvres et les riches, avant même qu'on l'ait salué. Un jour, il y a de cela quelques années, il était vicaire à Saint-Roch, des jeunes gens le virent arriver dans leur direction : Vous voyez ce curé, dit l'un d'eux aux camarades, c'est un bon prêtre, je suis sûr que je lui fais donner ses souliers. — Allons donc, tu plaisantes ! — Pas du tout, vous allez voir. — Bonjour, M. l'Abbé (l'Abbé était auprès d'eux et ne pouvait passer sans les saluer ou en être salué). — Et bonjour, mon ami. — Ah ! Monsieur, dit le joyeux compère qui s'était promis de jouer le tour, j'ai des souliers en bien mauvais état ! — C'est vrai, ils ne sont pas très bons. — Vous devriez bien m'en donner une paire, monsieur l'Abbé. — Mais, mon pauvre ami, je ne puis pas vous donner les miens, ils ne vous iraient pas. — Oh ! je crois que si, reprend le jeune homme, en regardant alternativement sa chaussure et celle du prêtre. — Eh bien, alors, répond l'Abbé, vite, entrons dans cette allée, dépêchez-vous... Ils entrent, et les souliers sont échangés. »

Que de fois il s'est abaissé ou plutôt élevé jusqu'au rôle de serviteur des malheureux ! Une famille tout entière fut un jour frappée par la maladie. Le père seul était debout et obligé de se

rendre au travail pour gagner la vie de ses enfants. Chaque matin, M. Claudinon allait faire le
ménage, la soupe du père et les infusions des infirmes.

Un vieillard vivait seul, en proie à de violentes
souffrances. Tous les jours, M. Claudinon faisait
son lit, lui rendait les services les plus vils, et ne
se retirait qu'après avoir procuré tout le bien-
être nécessaire.

Cette charité avait des audaces que la prudence
et la réserve nous interdisent presque à tous.

Un ivrogne, qui avait passé la nuit au cabaret,
s'était, le matin, échoué à l'église. Etendu sur le
bitume, dans un état pitoyable, il faisait horreur
et regret. M. Claudinon s'aperçoit de l'hôte
étrange reçu dans la maison du Seigneur. Il
s'approche du malheureux : « Mon ami, vous
êtes trop mal par terre. Vous prendrez froid et
vous serez malade. Venez avec moi au café
voisin, on vous soignera. » Au mot de café,
l'ivrogne se lève, accepte le bras du prêtre, et
les voilà en route. Tout en cheminant, l'abbé le
raisonne. « Voyez-vous ! Il vaut mieux aller
dans votre maison. Vous serez plus à votre
aise. Vous aurez des soins plus délicats. —

Allons chez moi ». balbutie l'ivrogne. Ils traversent, l'un donnant toujours le bras à l'autre, la place Saint-Roch, la rue Pélissier, la place Chapelon. Sur la porte, la femme et les enfants, qui depuis la veille attendaient le père, s'étonnent de voir celui-ci en telle ébriété et telle compagnie. On arrive. Content d'être chez lui, l'ivrogne, dont le cœur a soif de reconnaissance, veut au moins payer une bouteille à son ange conducteur. L'Abbé s'excuse : « Merci, je n'ai point encore dit ma messe, je reviendrai. — C'est convenu, je vous attendrai. » On l'attendit longtemps !

Il faisait tourner au bien même les injures dont il pouvait parfois être victime. Quand il passait devant un certain atelier, il entendait frapper de petits coups à la vitre. On l'appelait évidemment, ou plutôt on voulait le railler. Il laissa la comédie plaisante durer quelques jours; puis un beau matin, comme on continuait à frapper en le voyant, il entre : « Vous m'avez appelé, n'est-ce pas? » Le ton, l'air apostolique, l'interprétation charitable des intentions perverses confondent les hommes qui sont là. La conversation s'engage. Il la rend si intéressante que, finalement, il reçoit les excuses de ses adversaires, avec leurs marques de repentir.

L'affabilité prévenante, la politesse cordiale, l'intérêt affectueux sont des formes aimables de la charité. Ces petites vertus sont toutes-puissantes pour le bien des âmes. M. Claudinon en était convaincu, et il les pratiqua toujours. Son excessive bonté l'y portait du reste naturellement.

Un de ses premiers soins dans une paroisse est de connaître ses brebis. C'est ainsi que l'affection commence. Au reste, étant éclairé, on agit avec plus de sécurité et d'à-propos.

A Saint-Roch, au bout de peu de temps, M. Claudinon connaissait toutes les familles : le nom, la rue, le numéro ; ce qui prouve encore la richesse de sa mémoire. On l'avait remarqué autrefois déjà. La bonne demoiselle chez qui il récitait sa grammaire latine racontait qu'il avait donné, tout à la file, trente pages, mot à mot, sans se tromper en rien.

Dans la rue, il saluait constamment. A peine avait-il remis son chapeau qu'il l'enlevait ; autant eût valu le tenir à la main et incliner simplement la tête. On lui demanda un jour pourquoi il saluait ainsi tout le monde : « Ah ! dit-il, c'est

qu'un coup de chapeau peut sauver une âme
Une fois, je rencontrai un homme de condition
médiocre, à l'air ennuyé. Je le saluai. Il se
dirige vers moi. — Eh, monsieur le Curé, vous
ne me connaissez pas. Pourquoi me saluer ?
— Mon ami, je vois que vous êtes triste. J'ai
voulu vous offrir un témoignage de sympathie.
Puis-je faire davantage? Si oui, venez me trouver, et je vous rendrai service avec plaisir... » Il
vint et raconta sa petite histoire. Il n'était riche
qu'en enfants. Il en avait cinq, et son mariage
n'était pas légitime. M. Claudinon le secourut,
régularisa la situation matrimoniale, et en fit un
chrétien et un ami.

Plus tard, il n'eut pas besoin de prendre l'initiative du bonjour. Quand nous cheminions avec
lui dans une rue quelconque de Saint-Etienne,
presque toutes les têtes se découvraient et s'incli-
naient. Le chapeau sous le bras, nous n'étions
occupés qu'à un mouvement perpétuel de haut
en bas.

De tels prêtres sont la gloire de l'Église, et le
peuple souvent leur rend hommage.

Lors de l'explosion du grisou qui eut lieu dans
l'hiver de 1891, au puits Villebœuf, on vint lui

annoncer la triste nouvelle comme il se mettait à table. Il se lève aussitôt, quitte sa serviette en disant à ses vicaires et à un séminariste de ses parents : « Si vous voulez me suivre? » Tous partirent avec lui. Comme ils arrivaient aux abords du puits, ils entendirent un cri de soulagement, presque d'espoir, s'échapper de la poitrine des pauvres mineurs, qui attendaient consternés qu'on connût des détails précis sur l'accident. « Ah ! M. le Curé de Saint-Roch ! » L'un d'eux s'approche du séminariste et lui dit : « Je n'ai pas de religion, mais M. le Curé de Saint-Roch est un bon prêtre, nous l'aimons tous ; s'il n'y avait que des curés comme lui, tout le monde serait heureux. Il aime le pauvre et l'ouvrier, son dévouement est admirable. » Le brave homme termina en invitant le séminariste à marcher sur les traces de son parent.

Fasse le Ciel que tous, vétérans du sacerdoce et jeunes lévites, nous soyons, comme lui, des prêtres selon le cœur de Dieu !

COURONNEMENT

Ce n'est pas impunément que l'on se dévoue aussi complètement à ses devoirs. Si l'âme se perfectionne, si le mérite s'accroit, le corps s'affaiblit et les forces tombent, quelque vigoureuse que soit la constitution.

Déjà, avant le départ de Saint-Joseph, on s'était aperçu d'un épuisement prématuré ; on s'en était aperçu encore le jour de l'installation à la cure de Saint-Roch. M. Claudinon avait attribué son pénible état à un refroidissement négligé. Peut-être étaient-ce les indices de la terrible maladie qui ne lui pardonna pas.

Un ensemble de circonstances fatales déterminèrent la crise dernière. Le changement d'un vicaire, la maladie d'un autre, le laissèrent à peu près seul pour administrer la paroisse. De là, surcroît de catéchismes, de prédications, de confessions. La veille de Noël, entré au confessionnal à 5 heures du matin, il en sortit à 11 heures du soir ; il avait à peine, dans ce long intervalle, trouvé le temps d'un court repas à midi. Il était habitué à pareil accablement, soit dans les grandes fêtes, soit dans de moindres circonstances. Mais auparavant un peu de repos le remettait ; maintenant la force physique n'y était plus.

En décembre 1891 et janvier 1892, il est débordé. L'influenza sévit, les malades abondent. Les vicaires eux-mêmes sont atteints. Il ajoute à son propre service leur service supplémentaire. Après avoir été tout le jour sur la brèche, presque chaque nuit, alors qu'il commence à goûter un repos rendu nécessaire par ses fatigues et son affaiblissement, il est réveillé et appelé auprès des mourants. Il confesse celui-ci, administre celui-là, et rentre en grelottant du froid et de la fièvre.

Les signes précurseurs de sa maladie furent des douleurs d'estomac. Il ne tint pas assez compte de ces indices intérieurs. Il refusa d'abord les secours de la science médicale. Il pressentait qu'on ne pouvait lui ordonner que le repos, et il ne voulait pas en prendre. Il montait dans les mansardes en se tenant aux murs, il était épuisé à faire pitié. « Vous vous tuez, Monsieur le Curé, lui disait-on ; vous allez tomber gravement malade. — Quand je serai malade, on me soignera. — Et si c'est trop tard ? — Si c'est trop tard ? quand on a tout donné, on ne doit plus rien. » Il avouait qu'il endurait pendant quatre ou cinq heures des souffrances atroces après ses repas. La nuit, le mal ne le laissait pas reposer, mais se calmait au moment du lever. Alors, au lieu de jouir d'un sommeil réparateur, il se jetait hors du lit et se rendait, comme à l'ordinaire, dans son église, vers le second coup de la première messe. Il ne retranchait rien de son travail accoutumé, de peur que les âmes fussent privées des lumières de leur confesseur. Les courses de nuit étaient surtout fatigantes, et il marchait quand même, car il était à peu près seul pour desservir sa paroisse. Du reste on ne le ménageait guère, on était habitué de longue date à user de lui et même à en abuser.

En février, la faiblesse s'accentue. M. Claunon se traîne péniblement plutôt qu'il ne marche.

Le dimanche de la Sexagésime, fête de la Sainte Agonie, dans une instruction spécialement touchante, à la messe de 8 heures, il convie les pieux fidèles à venir chercher courage, lumière et consolation auprès du Tabernacle. Il semble qu'il ait le pressentiment du malheur qui va frapper son troupeau. Le soir, à l'Archiconfrérie, il bénit d'une main défaillante le Chemin de croix.

Huit jours après, à la fête des Quarante Heures, pendant la messe, il prononce seulement quelques mots pleins d'émotion.

Le mardi, pour clôturer ce Triduum d'amende honorable envers le Saint Sacrement, il monte péniblement en chaire. Le ton de sa voix trahit l'épuisement. En descendant, il a de la peine à revenir jusqu'à sa stalle. Ce fut sa dernière allocution. Comme pour résumer l'enseignement de toute sa vie, elle porta sur la sanctification des moindres actes par l'esprit de pénitence. Il rentra exténué à la cure et venait de se mettre au lit lorsqu'on agita la cloche ; on le réclamait en hâte pour un malade. Il se lève et va l'administrer ! Ce ne fut pas le dernier qu'il visita : quelques jours après, il se rendit chez un autre ; et les gens de la maison, impressionnés de sa pâleur et de sa faiblesse, le firent discrètement suivre jusqu'au presbytère ; ils craignaient qu'il ne pût s'y rendre !

Vaincu par le mal, il se sentait mourir et continuait à se dévouer avec une énergie sublime, semblable au soldat qui veut tomber au poste d'honneur, ou plutôt au bon Pasteur qui donne sa vie pour ses brebis !

Enfin le Carême s'ouvre ; un saint missionnaire, le R. P. Saby, dont tous les fidèles de Saint-Roch et tous les amis de M. Claudinon garderont un reconnaissant souvenir, vient prêcher la station quadragésimale, seconder les nouveaux vicaires, aider le pauvre pasteur ! Le Père Saby oblige M. le Curé à renoncer au confessionnal et à gar la chambre. On ne peut toutefois l'empêcher de dire la sainte Messe. Il avait cependant beaucoup de peine pour la célébrer. La maladie lui causait une soif ardente. Rester à jeun était un vrai tourment, mais il ne voulait absolument pas renoncer au saint Sacrifice. Quand on l'y engageait : « Comment ! disait-il, c'est le souverain remède : j'ai besoin du bon Dieu. » Le dimanche 20 mars, il la célébra pour la dernière fois. A la sacristie, il fallut l'aider à revêtir les habits sacerdotaux. Plusieurs fois on le vit s'appuyer à l'autel et l'on put craindre une défaillance. Au moment de donner la bénédiction, il se retourna à peine et tendit faiblement la main. Cependant il se traîna à genoux encore pour réciter les trois *Ave* et le *Salve Regina*. Arrivé à la sacristie, on s'empressa de le dévêtir et de le reconduire à la cure. Il ne devait plus entrer à l'église que dans son cercueil !

Les médecins appelés en consultation découvrirent et nommèrent la maladie sans la guérir. L'art, souvent, hélas ! est impuissant. Quand on sut dans la paroisse que les remèdes étaient inefficaces, et la perte, inévitable, on s'adressa à Dieu. Les prières, les neuvaines, les messes, les vœux se multiplièrent en faveur du cher curé. Il l'apprit avec reconnaissance, il s'unit même aux supplications ; il voudrait guérir, afin de faire du bien encore. Il prend les remèdes avec régularité ; il suit minutieusement les prescriptions de la science ; c'est le devoir du moment, et il n'a jamais négligé un devoir.

Il comprend sans doute la gravité de son état, puisqu'il réclame les derniers sacrements. Il a surtout soif de son Dieu. Pour le consoler, pour répondre à son désir, on le lui apporte deux fois encore.

Plein de confiance dans la puissance du Ciel, il ne parle pas à ceux qu'il aime de la séparation finale. Il espère peut-être encore, ou bien il veut leur éviter l'ombre d'un chagrin. Tout ce qu'il se permit, les derniers jours, en serrant la main à ses amis, ce fut de remplacer le *sans adieu* qui lui était familier par un adieu expressif.

Le dimanche des Rameaux, les médecins déclarent la mort imminente. On redouble de prières. Il manque un miracle à Marguerite Alacoque pour être canonisée. Si elle le faisait en faveur de ce prêtre dont la vie est si précieuse, dont la mort va laisser tant de vide ! On apporte une relique de la Bienheureuse. Le malade la reçoit avec confiance, l'applique sur son corps amaigri, et s'associe à la neuvaine que l'on commence. Il

demande toutefois que la volonté de Dieu se
fasse : « C'est plus parfait », dit-il. Mais le mal
va croissant. Notre ami comprend que Dieu
l'appelle. De son lit de douleurs, il bénit une
dernière fois sa chère paroisse ; puis, résigné, il
offre sa vie pour la conversion des pécheurs. A
partir de ce moment, on l'entend répéter :
« Tout pour vous, mon Dieu, tout pour vous.
Mon Dieu, aidez-moi, je crains de perdre la
patience ! Mon Dieu, je veux le Ciel ! Ne me
faites pas faire de Purgatoire ! Vite, vite au Ciel,
je veux le Ciel ! » Le 12 avril, le mardi de la
grande semaine, vers la première heure du soir,
après une lutte pénible, il s'endort tout à coup,
pour se réveiller dans le repos du Seigneur !

Les cloches font entendre leurs plaintifs gémis-
sements, elles sonnent les années de ce sacerdoce
si dignement rempli, et annoncent à la paroisse
qu'elle a perdu son père ! Aussitôt qu'il connut
son malheur, le peuple, dont la voix est souvent
celle de Dieu, proclama saint celui qui l'avait
instruit, fortifié, consolé. La foule visita pendant
trois jours la chambre mortuaire, où il semblait
dormir, tant ses traits avaient gardé une douce
sérénité. Le riche et le pauvre, le patron et l'ou-

vrier, l'enfant et le vieillard, les mères et les jeunes filles, tous pleuraient, tous priaient, tous se recommandaient au vénéré Pasteur, tous faisaient toucher au corps du saint prêtre des croix, des médailles, des chapelets, des objets pieux et même profanes, pour leur donner une vertu surnaturelle ou les transformer en reliques.

Les funérailles eurent lieu le vendredi saint, au jour du suprême sacrifice de Notre-Seigneur. Les cloches ne se firent point entendre; la sainte messe ne put être célébrée; les prières des fidèles furent une compensation. Les sanglots qui éclataient dans l'assemblée sans doute valaient tous les glas funèbres; ils disaient mieux l'affection donnée à celui qui était parti et la douleur laissée dans l'âme de ceux qui restaient. « Pourquoi Dieu nous l'a-t-il pris? Quel malheur de perdre un tel curé! » c'était le cri universel.

L'harmonie du Pénitentier de Saint-Genest-Lerpt, envoyée gracieusement par le Supérieur, l'ami de notre ami, imprimait un caractère plus mélancolique à la cérémonie par ses notes plaintives, qui charmaient les oreilles en déchirant les cœurs.

Le convoi, composé de la population entière,

des hommes, des congréganistes, des enfants, sans parler du clergé et des amis, se dirigea vers la paroisse du Chambon. A la vue d'une telle affluence, on dut comprendre que celui qui revenait ainsi escorté, ainsi pleuré, ainsi regretté, n'était pas un prêtre ordinaire. On peut dans certaines funérailles commander l'éclat extérieur, la pompe, même une certaine foule. Mais ceux-là seuls sont accompagnés à leur dernière demeure, comme M. Claudinon, qui ont su gagner les cœurs, qui se sont largement dépensés pour leurs frères, qui se sont oubliés eux-mêmes pour ne penser qu'aux âmes et à Dieu.

Il repose maintenant dans le cimetière de son pays d'adoption, près de sa famille, près des ouvriers, ses anciens camarades, à l'ombre de la croix, qu'il a tant aimée et servie.

Un monument a été élevé sur sa tombe par la piété filiale de personnes reconnaissantes. Il est dû au ciseau d'un sculpteur distingué, M. A. Rousset ; à l'inspiration et à l'initiative d'un ami du digne pasteur. Nous aurions cité son nom, si la modestie et le désintéressement ne nous avaient point imposé le silence.

On a gravé sur le marbre des textes de l'Écriture qui résument les vertus du saint prêtre, et ce cri de son cœur sacerdotal : « Sauvons, sauvons nos âmes. »

Suivons son conseil. Sauvons nos âmes, afin de nous retrouver avec lui, près du vrai père, Dieu ; avec les vrais amis, les anges et les élus.

Au ciel, il nous attend !

Nous apprenons, au moment de mettre sous presse, qu'une superbe plaque de marbre, portant en relief les traits du regretté Pasteur, vient d'être apposée dans sa chère église.

C'est un témoignage de la reconnaissance de la Fabrique et des Paroissiens, qui ont donné avec empressement leur offrande ou leur obole. M. l'abbé Terrasson, le nouveau curé, a confié cette œuvre à un artiste de mérite, et en a dirigé l'exécution avec un goût parfait.

TABLE

Lyon — Imp. A. Rey, 4, rue Gentil. — 6200